faça a sua própria magia

um guia para bruxas e bruxos empoderados

amanda lovelace

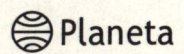

🌐 Planeta

faça a sua própria magia

*um guia para bruxas
e bruxos empoderados*

amanda lovelace

ilustrações de raquel aparicio
tradução de luisa geisler

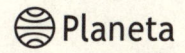

Planeta

Copyright © Amanda Lovelace, 2024
Copyright © Editora Planeta do Brasil, 2025
Copyright da tradução © Luisa Geisler, 2024
Todos os direitos reservados.
Título original: *Make your own magic*

Preparação: Ligia Alves
Revisão: Caroline Silva e Angélica Andrade
Diagramação: Vanessa Lima
Ilustração de capa e miolo: Raquel Aparicio
Projeto gráfico e capa: Susan Van Ho
Adaptação de capa: Isabella Teixeira

Dados Internacionais de Catalogação na Publicação (CIP)
Angélica Ilacqua CRB-8/7057

Lovelace, Amanda
    Faça a sua própria magia / Amanda Lovelace ; tradução de Luisa Geisler. — São Paulo : Planeta do Brasil, 2025.
    224 p. : il.

    Bibliografia
    ISBN 978-85-422-2994-3
    Título original: Make your own magic

    1. Bruxaria 2. Magia I. Título II. Geisler, Luisa

24-5331   CDD 133.43

Índice para catálogo sistemático:
1. Bruxaria

MISTO
Papel | Apoiando o manejo florestal responsável
FSC® C112738

Ao escolher este livro, você está apoiando o manejo responsável das florestas do mundo

2025
Todos os direitos desta edição reservados à
EDITORA PLANETA DO BRASIL LTDA.
Rua Bela Cintra, 986 – 4º andar
01415-002 – Consolação – São Paulo-SP
www.planetadelivros.com.br
faleconosco@editoraplaneta.com.br

Acreditamos nos livros

Este livro foi composto em FreighText Pro impresso pela Lis Gráfica para a Editora Planeta do Brasil em dezembro de 2024.

*para a menina triste que
chegou a pensar que não tinha mágica:*

ah, minha doce criança de outono,

*você estava errada,
da forma mais linda possível.*

sumário

uma observação da autora ... ix

parte i: o básico ... 1

parte ii: sua intuição ... 45

parte iii: seus ciclos ... 93

parte iv: mais mágica ... 183

referências ... 210

agradecimentos especiais ... 211

sobre a autora ... 212

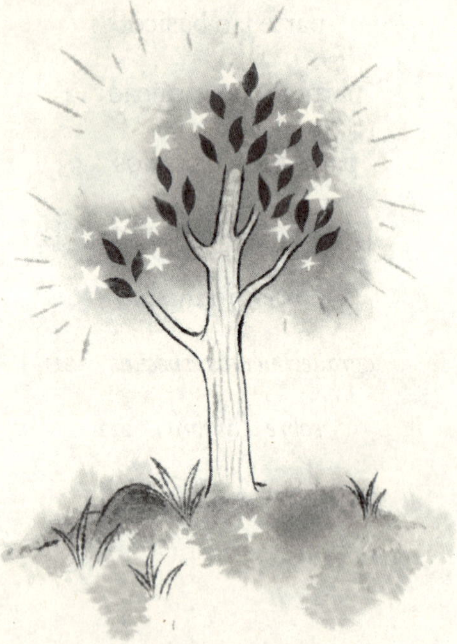

uma observação da autora

olá, querida pessoa leitora!

receba minhas boas-vindas a *faça a sua própria magia: um guia para bruxas e bruxos empoderados*.

quando eu tinha quinze anos, se você tivesse dito que eu um dia estaria escrevendo um livro como o que você tem nas mãos agora, duvido que eu teria acreditado. na verdade, provavelmente teria rido na sua cara.

se bem que eu não ria muito nessa época.

a verdade é que fui uma pessoa profundissimamente infeliz por boa parte da minha vida. as experiências traumáticas que eu tive quando era jovem me fizeram ver o mundo como um lugar desagradável e sem saída. aos meus olhos, este não era um lugar onde uma coisa como a mágica chegava perto de ser possível.

ah, claro, talvez nas páginas de contos de fadas e mundos de fantasia para onde eu escapava sempre que conseguia, mas não aqui.

aqui nunca.

sempre me senti inexplicavelmente atraída pela bruxaria, mas a maior parte dos livros de bruxaria que eu pegava quando era adolescente me intimidava mais do que enfeitiçava. eles faziam a magia parecer extremamente complicada, usando um monte de palavras e termos que eu não entendia e pedindo ingredientes a que alguém como eu simplesmente não tinha acesso.

naquela época, meu sonho antigo de ser uma bruxa não parecia nada realista, então tirei o foco disso por um tempo, pensando que era um desperdício de tempo e energia.

foi só quando encontrei conteúdo na internet, fácil de digerir, com um pouco mais de vinte anos, que enfim me senti corajosa o suficiente para lançar meu primeiro feitiço. comecei com algo que já vinha fazendo todos os dias — preparar e tomar café — e encontrei uma maneira de tornar isso mágico. (claro, vou te ensinar!)

UMA OBSERVAÇÃO DA AUTORA

por muito tempo eu só tive coragem suficiente para isso, mas mesmo naquela época era o bastante para fazer meu olho brilhar.

avançando para agora, a maior parte dos meus dias está cheia de mágica, tanto grande quanto pequena.

(na maior parte do tempo, só pequena.)

enquanto feitiços grandes e complicados podem ser divertidos, eles com certeza não são requisitos para alguém ser uma pessoa bruxa. mágica pequena e simples que não estressa é válida. mágica pequena e simples que não esvazia sua conta bancária é válida. mágica pequena e simples que deixa o seu dia a dia só um pouquinho mais brilhante é válida.

por sorte, muita coisa mudou desde a época em que eu era uma jovem aspirante à bruxa. agora nós vivemos num mundo onde a bruxaria é uma tendência em todas as redes sociais, e onde vendem livros introdutórios para iniciantes na maior parte das grandes lojas de departamentos. Mas bem que eu queria ter tido um livro como este quando era uma iniciante assustada, quando eu tão desesperadamente queria uma mão com mais experiência que a minha para segurar enquanto eu decifrava as coisas.

eu nunca quis que ninguém se sentisse tão perdido quanto eu, então você não vai encontrar nada muito chique ou elaborado aqui — só um lugar seguro e compreensivo onde você pode começar a construir a prática de bruxaria que funciona para você.

quando chegar à última página, espero que você se permita um pouquinho de mágica que seja só sua.

amarrado com muito amor,
amanda

até a borda ela era cheia de
luar & luz estrelar,
que ela turvava de propósito.

na sua mente, fazia sentido,
pois era muito mais fácil fingir
que não era capaz
de brilhar com tanta força mais.

se pudesse, eu voltaria & diria
"ninguém disse que fazer mágica
ia ser fácil."

... *viver à altura de todo o seu potencial*
    raramente é.

parte i

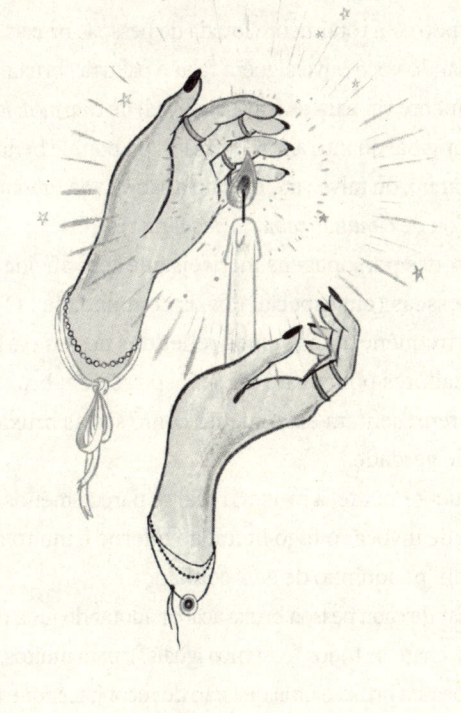

o básico

"do que é feita uma pessoa bruxa?"

a cultura pop está totalmente lotada de pessoas bruxas ficcionais, então, quando você ouve alguém falar a palavra "bruxa", sua mente imediatamente vai para as irmãs halliwell de *charmed: jovens bruxas* (tanto a original quanto a nova versão), ou bonnie bennett de *diários de um vampiro*, ou talvez até mesmo a sabrina de *sabrina, aprendiz de feiticeira* (ou de *o mundo sombrio de sabrina*).

são todas personagens incríveis que sem dúvida tocaram muitas pessoas (em especial nós da comunidade LGBTQIAPN+, que com frequência nos vemos refletidos nesses párias mágicos), e seus criadores podem até ter se inspirado em bruxas reais, mas elas não representam exatamente como são as bruxas no nosso mundo de verdade.

frequentemente, a bruxaria real se parece menos com uma tentativa de invocar o fogo literal do inferno e muito mais com invocar um pouquinho de autoconfiança.

apesar de cada pessoa bruxa acabar adotando uma prática diferente (não seria chato se todos fôssemos iguais?), para muitos, e eu inclusive, ser uma pessoa bruxa é uma questão de reconhecer que temos mágica interior suficiente para trazer qualquer coisa que queremos para o mundo. nós não ficamos esperando que a vida aconteça com a gente — nós damos um passo à frente e tomamos as rédeas.

onde um dia nos sentimos impotentes, nós agora nos sentimos pura potência.

"eu posso ser uma pessoa bruxa?"

resposta curta: pode.

resposta levemente mais longa: com certeza. todo mundo tem o poder de fazer sua própria magia. se você escolhe ou não se chamar de bruxa, é uma decisão totalmente sua.

"como eu faço mágica?"

na maior parte do tempo, pessoas bruxas fazem mágica lançando algo chamado — você provavelmente já adivinhou — *feitiço!*

com certeza quase absoluta, você já deve ter lançado algo parecido com um feitiço ao menos uma vez antes.

sabe quando você fecha os olhos e faz um desejo enquanto sopra as velas do bolo de aniversário todos os anos? isso se parece muito com um ritual de manifestação.

a diferença é que quando uma bruxa lança um feitiço, normalmente não faz um feitiço.

na minha prática, eu gosto de reivindicar aquilo que quero como meu e confiar que vai acontecer, porque só a minha vontade sozinha já é poderosa e lacradora.

meus feitiços normalmente começam com uma intenção na forma de uma afirmação empoderada. criar uma é bastante indolor; tudo que você tem que fazer é pegar aquilo que você quer que aconteça (por exemplo, uma coisa externa, como fazer brotar um lindo jardim de primavera, ou uma coisa mais interna, como ter confiança completa e total no caminho em que você está) e falar como se já fosse verdade. isso significa falar no presente.

como bruxa, você não perguntaria: "será que, por favorzinho, eu poderia ter força nessa situação difícil?".

não. você declararia com firmeza: "eu sou foda, uma pessoa forte, que consegue lidar com qualquer coisa que a vida joga em mim, inclusive isso".

viu a diferença?

enquanto as palavras podem certamente ser eficazes sozinhas, para uma bruxa, o que a deixa ainda mais forte é combiná-las com ações e ferramentas. quanto mais energia e foco você colocar no feitiço, mais poderoso — e mais real — ele vai se tornar.

> os feitiços podem ser coisas únicas, mas, se você segue repetindo um feitiço (ou variações dele), ele se torna uma coisa chamada ritual. (isso também serve para um monte de atividades diárias mundanas. você bebe café todas as manhãs ou chá todas as noites? são rituais!) os rituais também tendem a ser um pouco mais integrados do que seus feitiços do dia a dia, em especial, porque podem ser aperfeiçoados e construídos ao longo do tempo.

sobre bruxas, bruxos, pagãos & wiccas

com frequência há alguma confusão sobre a diferença entre ser uma pessoa bruxa, ser um pagão ou ser um wicca, o que é compreensível, então pensei em esclarecer um pouco!

- uma bruxa: alguém que pratica bruxaria, o que frequentemente inclui lançar feitiços, participar de rituais e trabalhar em conexão com a natureza. a bruxaria não é necessariamente religiosa. pessoas de qualquer (ou nenhuma) religião podem ser bruxas.[1]

- um pagão: alguém que pratica uma religião pagã. paganismo é um termo guarda-chuva que engloba muitas religiões baseadas na natureza. de forma extremamente simplificada, pessoas pagãs frequentemente honram mais do que apenas um deus e/ou deusa (isso se chama politeísmo) e muitos — mas não todos — pagãos praticam bruxaria e se consideram bruxas.

- um wicca: alguém que segue a religião wicca, uma extensão do paganismo fundada em meados de 1900. os wiccas quase

---

[1] destaco aqui que escolho a palavra "bruxa" no feminino, inspirada na ideia de "pessoa bruxa" e no seu uso original. antes do século XV, "witch" servia para qualquer gênero em inglês. somos todos bruxas. (n.t.)

sempre (mas nem sempre) acreditam numa dualidade deus/deusa e vivem norteados por uma série de princípios chamados "a rede wicca". apesar de muitos wiccas praticarem bruxaria e se chamarem de bruxas ou bruxos, nem todos são.

por causa da popularidade da wicca no final do século XX e começo do XXI, crenças e tradições wiccas influenciaram a maneira como muitas bruxas praticam bruxaria moderna hoje, mesmo sem se dar conta. apesar de *faça a sua própria magia* ser um livro sobre bruxaria como eu a enxergo, não sobre paganismo ou wicca, você definitivamente verá algumas influências pagãs e wiccas, por exemplo, na roda do ano (detalhes mais tarde).

---

ainda não entendeu muito bem?

- assim como todos os católicos são cristãos, **todos os wiccas são pagãos.**
- assim como nem todos os cristãos são católicos, **nem todos os pagãos são wicca.**
- apesar de acontecer com frequência, **nem todos os pagãos e wiccas são bruxas** ou praticam magia.
- **qualquer um pode ser um/uma bruxa** — não só pagãos ou wiccas —, independentemente de religião.

seu diário mágico

a partir de agora, é importante que você comece um diário mágico. (você talvez ouça algumas pessoas bruxas chamando esse objeto de grimório ou livro das sombras, mas vou me referir a ele como um diário mágico.)

honestamente, qualquer caderno velho que você tiver por aí serve, mas recomendo pegar um fichário com aros, se possível, para que você possa facilmente acrescentar coisas e mudá-las de lugar. se preferir um diário mágico com um pouco mais de direcionamento, você também pode comprar um em que outra bruxa já tenha listado temas de escrita para dar o primeiro passo — eu mesma já montei um desses!

é claro, estamos no século XXI, e a maioria de nós tem pelo menos um pouco de noção tecnológica, então você talvez escolha ter um arquivo que seja um "diário mágico" num computador, telefone ou tablet confiável. (não importa o que qualquer um diga, um diário mágico não é menos mágico só porque é eletrônico.)

seu diário mágico é um lugar onde você pode refletir sobre onde você está com sua jornada de bruxaria, assim como sua vida, fazer anotações de todas as coisas que aprendeu (deste livro ou de outros, e também de quaisquer outras fontes em que esbarrar, como vídeos ou informações de companheiros de bruxaria) e escrever detalhes sobre coisas como feitiços, rituais e leituras de tarô/oráculo.

você vai notar que deste ponto em diante eu incluo tópicos para você escrever no seu diário mágico em algumas páginas. a intenção é ajudar você a colocar as ideias em movimento nesse exercício de autorreflexão. espero que eles inspirem você a encontrar a magia em todas as áreas da sua vida.

ter toda essa informação na ponta dos dedos vai tornar você um/uma bruxa mais forte ao longo do tempo — pode confiar em mim. eu, por qualquer motivo, decidi não ter um diário mágico nos primeiros anos da minha prática e me arrependo dessa decisão todos os dias. há tanto progresso que não posso revisitar, e não tem nada que eu possa fazer para mudar isso.

seja melhor do que eu fui.

se a experiência me ensinou alguma coisa, você provavelmente vai ter muitos diários mágicos ao longo do curso de sua prática, então tente não colocar pressão demais sobre sua pessoa para que o primeiro seja perfeito. a aparência de sua prática não é tão importante como o sentimento que evoca. apesar de ser tentador, não é necessário sair gastando muito dinheiro em adesivos e canetas para deixar bonito. seja o mais realista possível e lembre-se de que você pode torná-lo autenticamente seu sem estourar o orçamento.

CONVITE PARA ESCREVER NO DIÁRIO MÁGICO: *pense na jornada mágica que está por vir. o que mais empolga você? o que mais te dá medo? bote tudo para fora. marque esta página e lembre-se de voltar a ela em algum momento no futuro para que possa ver o quanto avançou.*

seu altar mágico

agora que você tem um diário mágico, é hora de encontrar um lugar para o seu primeiro altar mágico — um espaço dedicado onde você pode ativar sua magia interior com feitiços, rituais, divinação e muito mais.

pode ser em qualquer lugar: uma estante, uma mesinha de cabeceira, uma bandeja. não tem que ser algo muito extravagante; só precisa estar limpo e ter espaço suficiente para você fazer sua mágica. (tenha em mente que você sempre pode mudar os lugares dos altares depois se precisar! não se sinta preso ao primeiro espaço que escolher se precisar de mais espaço ou se deixar de servir.)

outra coisa para ter em mente é seu nível pessoal de conforto. se você mora em uma casa com outras pessoas, pergunte-se se elas teriam mente aberta o suficiente para a sua prática de bruxaria. se tiver cem por cento de certeza de que teriam, então você poderia considerar manter um altar permanente numa área exposta. agora, se você mora com pessoas de mente fechada ou pouco seguras, você pode querer escolher algo como um baú ou uma caixa onde possa esconder e montar quando tiver privacidade.

no entanto, acho que você se surpreenderia com quantas vezes as pessoas viram o meu altar e não tiveram a menor ideia do que era. afinal de contas, hoje em dia praticamente todo mundo tem coisas tipo cristais e velas em casa!

não ser aceito

graças à popularidade em redes sociais como tiktok e instagram, a bruxaria não só está se tornando mais e mais popular, como também mais e mais entendida.

lamentavelmente, apesar disso, algumas pessoas ainda se recusam a abrir seus corações e mentes para ela.

fique sabendo que há bastante gente por aí que continua a acreditar nas percepções errôneas de que bruxaria é ruim e de que bruxas só têm más intenções — mesmo que isso seja o mais distante da realidade. as pessoas podem até mesmo usar retórica religiosa nociva para tentar te convencer de que você é uma pessoa ruim fazendo coisas ruins.

por favor, saiba que você não merece nada disso.

nunca tenha medo de ser sua versão verdadeira, não importa o que qualquer outra pessoa diga.

pode machucar quando as pessoas que você ama não aceitam você; a boa notícia é que haverá milhares de pessoas que não apenas entendem você como também praticam bruxaria. se você não tem certeza de como encontrar pessoas bruxas onde mora, simplesmente vá até a loja de bruxaria perto da sua casa e pergunte sobre eventos e encontros. se tudo isso fracassar, revire os cantos da internet (facebook ou discord) atrás de grupos online acolhedores!

CONVITE PARA ESCREVER NO DIÁRIO MÁGICO: *você pretende contar às pessoas que é bruxa, se é assim que escolheu se identificar? se a resposta for sim, como planeja explicar para elas? é sempre bom ter alguns tópicos de discussão prontos, em especial se bater uma preocupação sobre a reação alheia. se escolher não se identificar como bruxa, como vai explicar sua prática mágica se alguém perguntar?*

algumas pessoas definem o ato de esconder seu lado bruxo dos outros por medo de julgamento como "estar no armário de vassouras". não consigo lembrar se já usei essa expressão no passado — por muito tempo, nunca pensei muito profundamente sobre seu significado —, mas decidi que eu com certeza não usarei no futuro. a expressão é claramente uma variação da ideia de estar no armário como uma pessoa da comunidade LGBTQIAPN+, e, falando de minhas experiências com ambos, os dois não podem ser igualados e não acho que é apropriado fazê-lo, apesar de essa ser só a opinião de uma bruxa. fique à vontade para escrever suas ideias sobre isso em seu diário mágico!

não ouse

pintar suas asas de mariposa

só porque alguém

te disse que prefere as de borboleta.

... autêntico é o mais bonito que você pode ser.

seu altar mágico com participação especial: você

sua mágica interior é o que faz todas as outras mágicas possíveis, então a única coisa certa a fazer é colocar alguma coisa no seu altar para reconhecer e honrar essa parte sua.

em primeiro lugar, permita-me perguntar: quando você pensa em todas as coisas incríveis de que é capaz, o que você vê?

talvez seja uma obra de arte que criou.

talvez seja um prêmio ou um troféu para uma de suas conquistas.

talvez seja uma foto polaroide sua durante um de seus momentos mais felizes, como um aniversário ou formatura.

não analise demais essa parte!

o símbolo de sua mágica interior pode ser qualquer coisa mesmo, desde que seja significativa para você. simplesmente siga a energia da primeira coisa que pensar.

seja lá o que decidir, pegue logo e coloque no centro e no primeiro plano de seu altar, porque isso agora será o ponto focal — você vai ser o foco, o centro de tudo.

sinta-se à vontade para acrescentar coisas ao longo do tempo, ou até mesmo mudá-las periodicamente. normalmente eu coloco o livro mais recente que escrevi ou um baralho que cocriei, trocando-o quando outro é publicado. minha escrita é parte da minha mágica.

CONVITE PARA ESCREVER NO DIÁRIO MÁGICO: *se sentir que travou, pergunte-se: o que me dá orgulho de ser eu? e escreva livremente (colocando a caneta no papel e escrevendo de forma contínua, sem filtro) por cinco minutos até sair alguma coisa.*

suas ferramentas mágicas

ferramentas mágicas possibilitam conduzir sua mágica interior. ajudam a trazê-la à vida de forma física e energética.

uma boa parte de seu altar deveria ser prática e servir às suas necessidades mágicas pessoais. as próximas páginas estão cheias de ferramentas básicas que você pode querer ter guardadas ou ao redor do seu altar. (ter algumas gavetas, estantes e/ou caixas no entorno para esse propósito será útil.)

eu sei, eu sei, parece muito, mas tente não encanar com a lista.

são coisas que você pode obter gradualmente ao longo de sua prática. Se precisar de alguma coisa e não tiver os meios para consegui-la, seja uma bruxa engenhosa e substitua por algo que já tem à mão.

por exemplo, se não tiver um pote, tudo bem, simplesmente limpe e use um vidro de geleia vazio. se não tiver um cristal de quartzo transparente, tudo bem também, simplesmente encontre e use uma boa pedra — elas funcionam da mesma maneira e são (geralmente) de graça. sua prática tem que servir a você, não o contrário.

"bom, acho que isso deve ser bom o suficiente!" é basicamente minha expressão favorita como praticante de bruxaria.

- seu diário mágico.
- um utensílio para escrever.
- folhas de papel de rascunho — elas vão ser necessárias para milhões de coisas, incluindo escrever afirmações.
- uma vela branca — considerada por muitos a vela para todos os propósitos, porque a cor branca contém todas as cores. (não pode ter uma chama acesa dentro de casa? opte por uma vela eletrônica!).
- um isqueiro ou fósforos — usados para acender velas e também para queimar papel ou ervas.
- um apagador de velas — para extinguir suas chamas em segurança.
- um aparador de pavio — para aparar os fios das velas antes de cada e todo uso. (um fio de vela sem cortar = chama grande = perigo!).

> **sempre que o fogo estiver ligado a um feitiço, lembre-se de ter cuidado e de seguir as normas anti-incêndio!**

- alecrim seco — considerado por muitos a erva para todos os propósitos devido a suas propriedades variadas. (é bom ter uma única folha seca e também um punhado seco, já que este último pode ser usado para fazer purificação com fumaça.)
- um cristal de quartzo transparente — considerado por muitos o cristal para todos os propósitos, já que pode amplificar qualquer intenção que você lhe der.

- rosa seca — considerada por muitos a flor para todos os propósitos pelo mesmo motivo que o alecrim é para as ervas: tantas. muitas. propriedades. mágicas! (além disso, é muito fácil de achar.)
- ferramentas de divinação, como um baralho de tarô, um baralho de oráculo e/ou um pêndulo — para autorreflexão e guia, entre outros usos.
- um caldeirão ou prato resistente ao fogo — para queimar papel e ervas, ou para encher de água.
- um sino — excelente ferramenta de purificação e proteção.
- potes, xícaras e tigelas de todos os tipos e tamanhos — não consigo nem enfatizar a variedade de coisas para que eles servem. para começo de conversa, você pode usá-los para guardar ervas e ingredientes, e muitos feitiços, inclusive, ficam contidos dentro deles.
- saquinhos com cordão — assim como potes, xícaras e tigelas, você pode guardar ervas e ingredientes nesses sacos, e muitos feitiços até mesmo ficam contidos dentro deles — são conhecidos como saquinhos de feitiço.

ferramentas para todos os propósitos

você provavelmente notou que eu sugeri algumas ferramentas para todos os propósitos: uma vela branca para substituir qualquer vela, alecrim seco para substituir qualquer erva, um cristal de quartzo transparente para substituir qualquer cristal, e rosa seca para substituir qualquer flor.

esteja ciente de que há muito debate entre pessoas bruxas se deveríamos encorajar o uso de ferramentas multiuso, porque, segundo alguns, existem ferramentas mais específicas e eficazes que uma bruxa pode usar.

pessoalmente, acredito que a intenção que uma pessoa bruxa tem quando usa as ferramentas, assim como suas associações pessoais, são o que importa verdadeiramente no fim das contas. também penso que qualquer coisa que torne a jornada de bruxaria de alguém só um pouco mais fácil — em especial no começo — deveria ser vista como algo positivo.

você pode considerar essas ferramentas multipropósito como um simples ponto de partida, ou uma forma de substituir sempre que necessário.

é uma decisão sua.

"associações pessoais?"

isso!

a maior parte das ferramentas mágicas estabeleceu associações mágicas que podem ser encontradas em livros ou com um pouco de pesquisa na internet. por mais que veja importância nelas, eu acho que a associação pessoal de uma bruxa é muito mais importante.

mesmo que pense que não, você tem pensamentos e experiências que lhe dão uma perspectiva única no mundo, e essa perspectiva única vai tornar seus feitiços ainda mais especiais e poderosos, porque sua mágica está, em última análise, moldada em você.

a seguir você vai encontrar listas de associações estabelecidas para ferramentas como velas, ervas e cristais que pode usar como referência na hora de fazer feitiços, mas, seja lá o que fizer, não as considere o santo graal.

digamos que, por exemplo, um feitiço de felicidade peça uma vela amarela porque essa é a associação estabelecida. ótimo. mas talvez quando você pensa em felicidade você pense em azul, por causa da lembrança que tem de um dia divertido nadando no mar. ou talvez a cor azul simplesmente deixe você supercontente e você nem consiga explicar. use!

suas velas

- branca (vela para todos os propósitos) — purificação, paz e proteção;

- preta — contra negatividade, afastamento e proteção;

- cinza — equilíbrio, calma e descanso;

- vermelha — confiança, empoderamento e força;

- cor-de-rosa — compaixão, acolhimento e amor-próprio;

- laranja — ambição, criatividade e justiça;

- amarela — inteligência, alegria e positividade;

- verde — crescimento, prosperidade e autoestima;

- azul — cura, inspiração e verdade;
- roxa — intuição, mágica e sabedoria;
- marrom — aterramento, segurança e estabilidade;
- dourada — sorte, poder e sucesso;
- prata — sonhos, meditação e autorreflexão.

as velas, como você provavelmente sabe, vêm em várias formas e tamanhos. algumas das mais populares entre bruxas são velas réchaud e velas palito, já que são menores e tendem a queimar relativamente rápido em comparação com outros tipos; no entanto, você pode usar velas de qualquer tamanho, e pode descobrir que desenvolve seu próprio gosto ao longo do tempo. velas perfumadas são boas também, mas são ainda melhores quando você usa um perfume que está associado com o propósito de seu feitiço.

um dos feitiços mais simples que você pode fazer é acender uma vela enquanto diz uma afirmação. por exemplo, se precisar de uma dose rápida de amor-próprio, pode acender uma vela cor-de-rosa e dizer algo como "eu sou gentil comigo como sou com outras pessoas". se tiver tempo, deixe a vela queimar até o fim; se não, pode apagar (não, não vai atrapalhar em nada) e reacender quando tiver a oportunidade.

suas flores e ervas

- alecrim (erva para todos os propósitos) — purificação, proteção e recordação;
- camomila — positividade, prosperidade e calma;
- canela — energia, fortalecimento e calor;
- folhas de louro — banimento, manifestação e mágica financeira;
- lavanda — calma, intuição e descanso;
- menta — abundância, cura e sorte;
- rosa (flor para todos os propósitos) — beleza, amor e amor-próprio.

é sempre bom ter sal à mão. tanto sal de cozinha quanto sal marinho podem ser usados para qualquer purificação e proteção. o sal rosa do himalaia é ótimo para uma purificação suave, em especial em feitiços de amor-próprio. sal negro é ótimo para afastar a negatividade.

flores e ervas comestíveis podem ser acrescentadas a suas receitas ou comida já feita. (sempre pesquise antes para saber se o que você está usando é seguro para comer.) elas não apenas dão sabor à comida como acrescentam propriedades mágicas. por exemplo, se quiser um pouco mais de ousadia, polvilhe uma pitada de canela na torrada ou mingau de aveia enquanto diz: "eu sou destemida enquanto persigo meus objetivos hoje". é, é fácil assim!

seus cristais

- ametista – calma, intuição e sabedoria;

> a maior quantidade de ametista que você conseguirá encontrar virá em tons de roxo, mas minha favorita é a ametista cor-de-rosa. percebo que ela inspira a quantidade certa de amor-próprio para conseguir confiar em minha intuição sem hesitar. se você conseguir uma dessa cor, ela pode ajudar você a confiar mais na sua própria intuição também.

- ágata musgo — abundância, aterramento e crescimento;
- água-marinha — autoexpressão, tranquilidade e verdade;
- citrina — ambição, alegria e manifestação;

O BÁSICO

- fluorita arco-íris — criatividade, foco e individualidade;
- pedra da lua arco-íris (também chamada de labradorite branca) — harmonia, autorreflexão e novos começos;
- quartzo transparente (cristal para todos os propósitos) — clareza, purificação e cura;
- quartzo rosa — beleza, gentileza e amor-próprio;
- turmalina negra — antinegatividade, antipreocupação e proteção.

> quando for comprar cristais, procure lojas que os obtenham de forma ética. se não tiver certeza, pergunte diretamente à loja. reúna essa informação e faça sua própria pesquisa. eles ferem a terra com seus métodos de mineração de cristal? seus trabalhadores são tratados de forma justa? esses são aspectos importantes a considerar.

> o simples ato de carregar um cristal pode ser um feitiço.
> em primeiro lugar, escolha um que tenha a energia que você gostaria de alinhar e limpe-o (ver páginas 23-24).
> a seguir, carregue-o com sua intenção ao segurá-lo e dizer uma afirmação. por exemplo, você pode escolher turmalina negra e dizer: "minhas preocupações não mandam em mim, elas também não me impedem de ter experiências de vida positivas". depois, coloque no bolso ou numa bolsa.
> algumas bruxas fazem piada sobre enfiar cristais no sutiã. apesar de hilário (e conveniente), eu não recomendaria isso, já que pode se tornar um lugar suado e alguns cristais se danificam quando entram em contato com a água!

cristais que desaparecem

à medida que trabalhar mais com cristais, você poderá notar que alguns desapareçam.

por exemplo, alguns anos atrás, comprei um lindo colar com um pingente duplo de quartzo transparente de uma lojinha de cristais num shopping. a mulher que me vendeu disse que pingentes duplos de quartzo transparente podem atrair sua alma gêmea.

para minha tristeza, acabei perdendo o colar poucos meses depois de usá-lo sem parar. simplesmente... sumiu, sem deixar vestígios. procurei em casa em todos os cantos por anos a fio, sem nunca mais encontrar. eu amava o colar, então ainda penso nele de tempos em tempos.

apesar de o desaparecimento de um cristal ser frustrante, na verdade pode ser algo bom.

eu não tinha essa perspectiva na época, mas faz todo o sentido do mundo que meu colar de quartzo transparente tenha sumido quando sumiu.

a verdade é que eu nunca precisei dele, para começo de conversa, porque já tinha conhecido minha atual esposa naquela época. ainda não decidi se acredito em almas gêmeas, mas, se elas são reais, então minha esposa é definitivamente a minha.

acho que alguns cristais encontram você quando você mais precisa deles e vão embora quando você não precisa mais deles. para onde e como vão, não tenho tanta certeza. você pode decidir sozinho no que quer acreditar. alguns dizem que são fadas (um tópico para um livro muito diferente), mas quem sabe? gosto de pensar que eles vão para alguma pessoa que precisa de sua mágica muito mais do que você.

> seus cristais podem quebrar de tempos em tempos também. se quebrar de uma forma incomum ou inesperada, isso também pode significar que seu cristal terminou de servir seu propósito em sua vida. seja como for, se isso acontecer, você pode devolvê-lo à mãe terra enterrando-o em algum lugar no jardim ou até mesmo no solo de um vaso de planta.

limpando seus cristais

tudo tem sua energia única, incluindo nossas ferramentas mágicas. é por isso que as usamos, afinal de contas: para complementar e aumentar o propósito de nosso feitiço!

no entanto, elas também podem captar energia das pessoas, lugares e coisas ao redor, e essa energia nem sempre vai ser a mais animadora ou positiva — às vezes pode ser pesada ou negativa, ou simplesmente não ter a mesma vibração da sua.

não só isso, mas, se ficarem paradas por muito tempo, a energia delas pode ficar rançosa.

os cristais, na minha experiência, têm uma facilidade particular para mudanças energéticas desse tipo.

é por isso que acho que é tão importante que você os limpe magicamente antes de usá-los em feitiços. (tenha o hábito de limpar suas ferramentas regularmente — exceto as que já têm propriedades purificadoras — e todo o espaço em seu altar também.) essa energia negativa, indesejada ou rançosa tem o potencial de bagunçar com os resultados de seus feitiços, e ninguém quer isso.

aqui vão algumas maneiras de limpar seus cristais.

purificação de luar — pode ser feita sob a luz limpadora da lua cheia. você não precisa necessariamente colocar seus cristais do lado de fora; simplesmente deixe-os sob uma janela que pegue bastante luz da lua e troque-os de lugar de manhã. (alguns cristais podem desbotar ou ser danificados pela luz do sol, então lembre-se de tirá-los do perigo assim que acordar.)

purificação com fumaça — pode ser feita com incenso, um bastão de ervas ou um maço de ervas secas à sua escolha. usando um isqueiro ou fósforo, acenda seu punhado, espere a chama baixar e virar fumaça e então abane esse bastão no espaço ao redor do seu cristal até tudo passar uma boa sensação.

> um dos tópicos mais controversos na comunidade de bruxaria hoje em dia envolve o uso da sálvia branca. não apenas essa planta tem sido colhida em excesso como é uma erva importante e sagrada usada por diversas culturas nativo-americanas, como a nação lakota,[2] o que deixa a situação ainda mais grave. eu encorajo você a recorrer a uma alternativa mais ética, seja outro tipo de sálvia — já que existem centenas —, seja substituir pelo meu favorito, o alecrim.

purificação sonora — pode ser feita com um instrumento como um sino. o sino não só é fácil de usar a qualquer momento como também é bom para bruxas (como eu) que são sensíveis à fumaça. simplesmente pegue seu sino nas mãos e toque-o ao redor do cristal algumas vezes. isso vai vibrar e expulsar qualquer energia ruim.

purificando a si

falando de purificação... é hora de aprender a limpar sua própria energia.

estes métodos de purificação não apenas podem animar você em geral como podem ajudar no preparo antes de fazer feitiços, removendo energia negativa, indesejada ou rançosa ligada a você, para que não se ligue à mágica que está tentando criar.

aqui vão algumas maneiras de fazer isso:

dançar — coloque taylor swift para tocar, ou algum outro artista à sua escolha, e se jogue. ao dançar tudo o que pode, seus movimentos vão sacudir qualquer energia "blé" para longe. se possível, tente dançar durante uma música inteira.

---

[2] povo indígena das grandes planícies da américa do norte. (n. e.)

banho — você precisa tomar banho para se limpar fisicamente, então por que não fazer uma purificação energética também? enquanto se enxágua para tirar o sabão, imagine a energia que não quer circulando ao seu redor descendo ralo abaixo, para nunca mais ser vista.

use fumaça — claro, você pode fazer purificações com fumaça em si mesmo também! simplesmente pegue seu punhado de alecrim, acenda-o e balance (de forma segura) a vara de defumação ou incenso no espaço ao redor de seu corpo.

> seu telefone pode reunir todo tipo de energia negativa (especialmente porque as redes sociais podem ser muito tóxicas), e, se sempre está perto de você, como está de tantos de nós, pode deixar você de mau humor. por esse motivo, recomendo muito limpar o telefone regularmente. você pode fazer isso tocando um sino ao redor do aparelho como faria com um cristal, ou pode abrir uma playlist no telefone e colocar uma música para se sentir bem — simplesmente descanse o telefone com a tela para baixo em algum lugar e deixe as vibrações felizes cuidarem disso!

CONVITE PARA ESCREVER NO DIÁRIO MÁGICO: *comece limpando seu telefone todos os dias por ao menos uma semana. quando terminar a semana, volte ao seu diário mágico. que diferenças notou, se é que notou alguma?*

mãe terra

pessoas bruxas têm uma longa reputação de amar, respeitar e trabalhar com a mãe terra, ou mãe natureza.

ela nos proporciona recursos para sustentar a vida, como comida e água, mas não só isso: ela nos abençoa com belezas de parar o coração, como florestas e oceanos. além disso, ela é supermágica também. afinal de contas, de onde você acha que tiramos as ferramentas que nos ajudam com nossos feitiços — as ervas e os cristais?

é isso mesmo: de nossa sempre amável e sempre generosa mãe terra.

ela também permitiu nossa própria existência e, portanto, nossa mágica interior. não espanta que tantas bruxas tentem fazer a sua parte em cuidar dela e mantê-la vibrando, em especial num momento em que ela está no máximo de vulnerabilidade devido a nossa atual emergência climática.

eis aqui algumas maneiras de você fazer sua parte:

- viva uma vida com pouco ou nenhum lixo;
- alimente-se com comida da sua região, vegetariana ou vegana;
- compre produtos usados em vez de coisas novas;
- participe de abaixo-assinados em defesa do planeta;
- doe tempo ou dinheiro para grupos ambientais, ou participe de um evento em defesa do meio ambiente (por exemplo, mutirões de limpeza);
- vote em candidatos que prometam levar a sério a mudança climática.

com essas sugestões em mente, concentre-se no que pode fazer. tente não sentir culpa se certas coisas não forem possíveis para você por quaisquer motivos; você não é uma bruxa má, eu garanto. num mundo perfeito, todo mundo teria a mesma quantidade de tempo e recursos disponíveis, mas não vivemos num mundo perfeito. nem de longe.

CONVITE PARA ESCREVER NO DIÁRIO MÁGICO: *escreva de uma a três coisas que você pode realisticamente fazer para ser mais consciente do meio ambiente. qual o seu plano para se manter responsável?*

para ela não tem nada
mais sagrado ou
que afirme mais a vida
do que o cheiro da
terra depois de chover.

... *petricor*[3]

---

3 s.m. petricor: aroma terroso produzido pela chuva quando começa a cair e atinge o solo, especialmente se o tempo estiver quente ou seco. (a intensidade do aroma varia conforme o tipo de solo e a velocidade dos pingos de chuva.) [do grego pétra, as, "pedra, rochedo" + ikhôr, ikhôros, "fluido etéreo que circulava nas veias dos deuses, em lugar do sangue, conforme a mitologia grega", pelo inglês petrichor.]. fonte: academia.org.br/2024. disponível em: https://www.academia.org.br. acesso em: 29 ago. 2024. (n.e.)

espírito

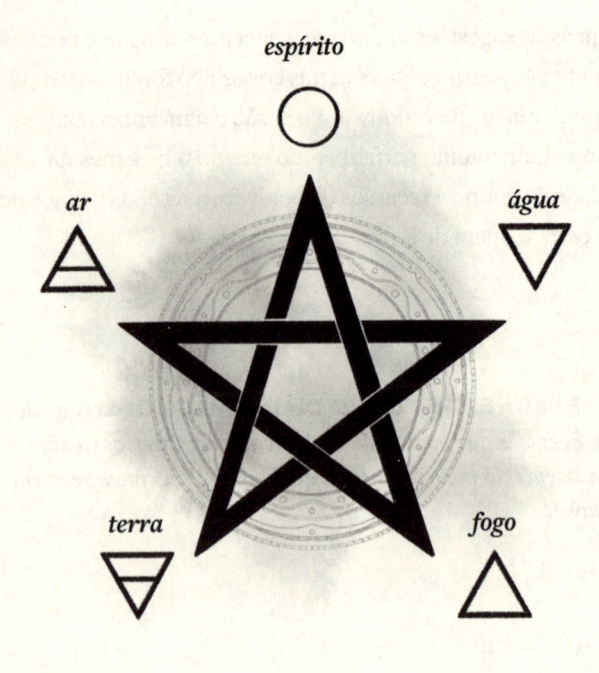

ar *água*

terra *fogo*

o pentáculo

eu não me surpreenderia se alguém tivesse dito para você que o pentáculo — uma estrela de cinco pontas dentro de um círculo — é um símbolo do mal, já que essa é a confusão que as pessoas fazem. na realidade, os pentáculos são um símbolo da mãe terra. cada uma das cinco pontas da estrela representa um de seus elementos, e o círculo ao redor dela os conecta como um só. para muitas pessoas bruxas, é um símbolo sagrado e protetor.

cada um dos elementos tem suas próprias associações, inclusive:

- terra — norte | verde | estabilidade, natureza e prosperidade;
- fogo — sul | vermelho | paixão, criatividade e energia;

- ar — leste | amarelo | intelecto, ideias e comunicação;
- água — oeste | azul | purificação, emoção/intuição e inspiração.

> que fique claro que a mãe terra inclui o planeta inteiro, assim como sua energia, enquanto a terra é só um de seus elementos.

você vai notar que o pentáculo tem um quinto elemento de que você talvez não tenha ouvido falar: o espírito. o espírito pode representar muitas coisas, mas, para os fins deste livro, o espírito representa você, a pessoa bruxa — sua essência, sua alma, sua magia interior, trabalhando em harmonia completa e total com os outros quatro elementos.

mãe terra em seu altar mágico

você já colocou algo em seu altar para representar o espírito — você.

muitas pessoas bruxas, eu incluída, também escolhem representar os quatro elementos principais da mãe terra em seu altar como uma forma de honrar nossa conexão, assim como invocar sua energia mágica para nossos feitiços.

quer representar a mãe terra em seu altar? a seguir há algumas sugestões para coisas que você pode colocar no altar (e, sim, usar em sua mágica!). não é obrigatório, mas você pode escolher seus itens com base na cor do elemento ou colocá-lo no ponto cardeal correspondente.

- terra — um cristal/pedra, um pote com ervas/flores ou imagens de um cervo/elfo;
- fogo — um caldeirão, uma vela ou imagens de raposa/fênix;

> algumas bruxas colocam um caldeirão no seu altar para representar o elemento água, já que é um veículo que pode ser preenchido por ela. pessoalmente, eu apenas queimo coisas no meu caldeirão, então eu o associo mais com fogo. considere ambas as perspectivas e chegue às suas próprias conclusões!

- ar — um sino, incenso/defumadores, ou imagens de beija-flores/fadas;
- água — uma xícara ou caneca, uma concha, ou imagens de golfinho/sereia.

CONVITE PARA ESCREVER NO DIÁRIO MÁGICO: *conectar-se com a mãe terra é, de muitas formas, conectar-se consigo mesmo. você talvez nem se dê conta do quanto reflete os elementos, tanto física quanto metaforicamente. pegue seu diário mágico e explore algumas das formas como os quatro elementos principais podem aparecer em sua vida:*

- *sua terra interior: descreva um momento em que você se sentiu em segurança completa. | descreva um momento em que você se sentiu numa prisão sem saída.*
- *seu fogo interior: descreva um momento em que você fez algo ousado e corajoso. | descreva um momento de tanta raiva que fez você agir sem pensar.*
- *seu ar interior: descreva um momento em que descobriu algo incrível. | descreva um momento em que pensar demais tomou conta de você.*
- *sua água interior: descreva um momento em que você estava tão feliz que chegou às lágrimas. | descreva um momento em que sentiu que estava se afogando em tristeza.*

a ajuda da mãe terra

a mãe terra não nos ajuda apenas com feitiços.

ela quer nos ajudar sempre que pode, de qualquer forma que possa, sem se importar com quem você é.

na minha infância, nós tínhamos um gato da família (que para minha tristeza faleceu na semana passada, justamente quando voltei para editar este livro) que passava a maior parte do tempo na rua. havia um monte de noites em que ele não voltava para casa.

como você pode imaginar, isso sempre me destruía de ansiedade.

eu ficava nauseada na boca do estômago, imaginando todas as coisas horríveis que poderiam acontecer com ele — esses são os piores casos, que ficam remoendo dentro de nós. e se ele tivesse se perdido do outro lado da cidade? e se alguém o machucasse? ainda pior, e se ele fosse atropelado por um carro?

naquela época, eu não praticava magia como pratico agora, mas, sendo apaixonada pela natureza desde que nasci e vegetariana na época (vegana agora!), eu já tinha uma reverência profunda pela mãe terra. eu sentia nossa conexão, mesmo que não pudesse explicá-la (e provavelmente soaria ridícula se tentasse).

não tenho certeza de quanto tempo fazia desde que ele tinha sumido, mas uma vez, em meu desespero, eu saí para o jardim e pedi à mãe terra — mais especificamente às árvores — que o trouxessem para casa, para mim, em segurança.

como se sob comando, o vento agitou as folhas, e o gato veio correndo pelo portão, miando atrás de mim, como se eu o tivesse chamado.

só que chamar o nome dele geralmente não funcionava.

no entanto, por algum motivo desconhecido funcionou, e funcionou quase todas as vezes depois disso também. eu não ousei questionar; só continuei extremamente grata.

quando precisar de uma ajuda a mais da mãe terra, tudo o que você tem que fazer é pedir. faça o seu melhor para ser gentil em resposta, mesmo que isso signifique apenas tirar uns minutos do dia para passar tempo em sua presença. (é isso que a maioria dos bons pais quer, não é?)

aterrando-se

nós, como humanos, parecemos ter uma lista sem fim de demandas e responsabilidades, e por causa disso nossa energia pode às vezes ficar um pouco... bagunçada, e em tudo quanto é canto.

o aterramento é, na minha visão, o ato de voltar energeticamente para casa, para si mesmo. os exercícios a seguir podem ajudar você a ficar mais presente na sua vida, assim como colocar você no espaço mental certo para a feitiçaria.

vá para fora — se tiver a sorte de ter seu próprio espaço externo, vá até ele. se não, pode ir até o seu parque favorito, praia ou trilha. tire os sapatos e familiarize-se de novo com o solo por alguns minutos. deixe a energia da mãe terra recalibrar você. (isso é se ligar à terra.)

crie raízes — não consegue sair por algum motivo? sem problemas. vá para algum lugar silencioso e feche os olhos. imagine raízes crescendo das solas dos pés, atravessando o chão e bases até chegar à terra, plantando você no lugar.

faça algo com consciência — passe um tempo de qualidade com seu bicho de estimação, relaxe na frente de uma janela aberta, veja um vídeo da natureza no YouTube, segure sua planta/cristal favorito, tome uma xícara de chá de ervas — menta é meu favorito.

CONVITE PARA ESCREVER NO DIÁRIO MÁGICO: *escreva sobre algo que faz você sentir uma conexão especial com a mãe terra. não tem que ser uma coisa supermágica; pode ser algo pequeno, como caminhadas depois do jantar pelo bairro, ou até mesmo simplesmente se sentar embaixo da sua árvore favorita. o que você pode fazer para nutrir essa conexão, expandi-la ainda mais?*

"magia branca" × "magia negra"

na comunidade de bruxaria, você vai se deparar com gente que escolhe usar a expressão "magia branca" significando "magia boa" e a expressão "magia negra" significando "magia ruim".

isso não é certo.

pode parecer insignificante, mas as palavras carregam muito peso. elas refletem e influenciam nossa sociedade, e nós vivemos em uma sociedade cheia de injustiças. as implicações racistas dessas expressões não se alinham com minha ética pessoal ou de bruxa, portanto eu escolho não as usar.

quero convencer você a não as usar também.

se quer saber como descrever que tipo de mágica alguém pratica, por que não perguntar? tenho certeza de que daria início a uma conversa interessante!

preste atenção nas palavras que usa, não apenas durante seus feitiços, mas em todos os momentos. não importa quão boas suas intenções sejam, você ainda vai errar às vezes, mas não deixe isso assustar você — simplesmente reconheça quando causou mal, peça desculpas e aja melhor da próxima vez (não apenas diga que vai agir melhor).

bruxaria & gênero

quando alguém fala de uma pessoa que pratica bruxaria, você pode automaticamente imaginar que se refere a uma mulher.

ora, estou aqui para dizer que pessoas de todos os gêneros — porque tem mais do que só dois! — podem ser chamadas de bruxas. não apenas mulheres, e certamente não apenas mulheres cisgênero. em inglês, a palavra para bruxa, witch, serve para ambos os gêneros.

quando digo que todo mundo tem uma mágica interior, estou falando sério.

em minha opinião, ser uma pessoa bruxa ética também significa ser uma bruxa inclusiva, e não é gentil deixar tantos parceiros de bruxaria fora da conversa. fazer isso pode dar a eles a sensação de que não pertencem à comunidade, e todo mundo merece o sentimento de pertencer.

seja esse espaço seguro para todas as bruxas.

CONVITE PARA ESCREVER NO DIÁRIO MÁGICO: *de que formas você pode ser mais inclusivo na sua vida diária, e como pode estender isso à sua prática mágica?*

se um dia precisar de guias,
sem problemas...

te ajudo a interpretar suas cartas de tarô.

se um dia tiver um coração partido,
sem problemas...

te ajudo a achar as ervas certas.

se um dia precisar de proteção,
sem problemas...

te ajudo a acender tuas velas.

se um dia precisar de defesas,
sem problemas...

te ajudo a achar as palavras de que precisar.

se um dia precisar de um choque de
    realidade,
sem problemas...

te ajudo a encontrar a honestidade dentro
    de ti.

*... como bruxas, somos todas parte do mesmo
    clã.*

a ética da sua bruxaria

não posso falar para você qual tipo de mágica fazer, porque acredito na importância do livre-arbítrio; e é porque acredito na importância do livre-arbítrio que eu escolho não interferir no livre-arbítrio alheio.

isso quer dizer nada de feitiços de amor ou maldições.

você não vai achar nada disso neste livro.

> esses dois tipos de magia são temas complicados. em minha opinião, existem formas de lançar feitiços de amor sem interferir no livre-arbítrio de alguém (por exemplo, lançando um feitiço para o tipo de amor que você quer, não pelo amor de uma pessoa específica — ou, ainda melhor, lançando um feitiço de amor-próprio). além disso, pessoas marginalizadas historicamente usaram maldições como uma forma de justiça, então tenha isso em mente e não julgue rápido demais.

como provavelmente você vai notar, a maioria dos meus feitiços e rituais tem a ver com coisas do tipo amor-próprio, empoderamento, autoestima e coisas positivas para minha vida.

mas causa e efeito é uma coisa complicada.

reconheço que é possível que até mesmo esses feitiços aparentemente inofensivos impactem outras pessoas negativamente.

lembra quando eu falei que as bruxas têm a mágica de dentro para trazer o que quiserem à existência? isso envolve muita responsabilidade. embora não possa, provavelmente, controlar cada coisinha mínima que acontece como resultado de meus feitiços, eu faço o máximo de esforço para não ferir ninguém praticando mágica com integridade e minimizando danos sempre que vejo potencial para isso.

antes de lançar um feitiço, considere com cuidado os impactos potenciais dele. de que maneiras o seu feitiço pode afetar você, positiva ou negativamente? tem alguma forma neutra que pode causar impacto? e de que maneiras pode afetar outras pessoas? caso seja relevante, você também pode considerar como pode afetar a mãe terra. (recomendo pegar o diário mágico para fazer algumas boas e velhas listas!)

depois de chegar à sua conclusão, decida se o feitiço realmente vale a pena. (só você pode decidir isso.)

CONVITE PARA ESCREVER NO DIÁRIO MÁGICO: *agora que estamos quase prontos para fazer um pouco de mágica, de que tipo você acha que vai fazer? escreva uma lista da ética de sua bruxaria com muito espaço para expandir. não pule esta parte — vai ser importante!*

antes de fazer mágica

a seguir, vou pedir que você lance o seu primeiro feitiço, mas tem algumas coisas que recomendo fazer antes de tudo. (isso se aplica a todos os feitiços do futuro também.)

confira como está sua mente — se não estiver pensando com clareza, você pode ter uma tendência a esquecer algum passo ou cometer erros. se estiver com falta de foco, pode ser uma boa ideia fazer um exercício de aterramento rápido (ver páginas 32-33).

faça um planejamento — escreva de antemão todos os passos de seu feitiço em seu diário mágico, mesmo que não tenha criado o feitiço. isso vai ajudar a executar o feitiço de uma forma que só você pode. por exemplo, com um feitiço pré-escrito, você pode querer personalizar a afirmação ou mudar algumas das ferramentas. deixe espaço para anotações também. esses detalhes mostram o que funciona para você e vão ajudar com feitiços no futuro.

prepare a atmosfera — faça o que precisar para criar um ambiente reservado, sem distrações. a não ser que tenha anotações para seus feitiços no telefone — ou se for uma parte importante do feitiço em si —, coloque-o no modo silencioso e guarde-o em algum lugar que você não possa alcançar. as notificações do instagram podem esperar!

prepare seu altar — as ferramentas mágicas de que você vai precisar para o feitiço devem todas estar ao alcance do braço. não é o fim do mundo, mas se afastar do altar para pegar "aquela última coisinha" três vezes pode acabar quebrando o fluxo natural do feitiço.

encontre paz mental — talvez você queira limpar a área de qualquer energia que não se alinhe à mágica que quer fazer. você pode fazer isso com o simples acender de uma vela branca e deixá-la ser. se quiser proteger mais a área de qualquer energia indesejável que possa fluir e potencialmente bagunçar sua afirmação de feitiço, pode colocar um cristal de turmalina negra no seu altar.

é preciso sentir sua mágica — feitiços nunca devem ser apavorantes ou estressantes, e certamente não devem parecer uma obrigação. se a ideia do feitiço não te faz feliz ou no mínimo contente, afaste-se do altar e volte depois. desvende o que não está funcionando, se é algo pessoal ou alguma coisa em seu feitiço que precisa mudar.

O BÁSICO

seu primeiro feitiço

parabéns! você conseguiu, pessoa bruxa! seu primeiríssimo feitiço vai ser justamente sobre a estrela do show: você. o fato de que você está decidindo tomar esta jornada mágica meio que é algo importante, então agora você vai oficialmente se dar permissão.

DO QUE VAI PRECISAR
sua lista de ética mágica (ver página 37)
um cristal de quartzo rosa

INSTRUÇÕES

sente-se perto de seu altar mágico. coloque a lista de ética mágica e seu cristal de quartzo rosa à sua frente. comece lendo sua lista em voz alta, seguindo ponto por ponto. não apenas diga aquelas frases — sinta-as se tornarem partes do seu ser.

a seguir, segure o cristal de quartzo rosa perto do coração e diga esta afirmação: "eu tenho permissão para ser bruxa. tenho permissão para fazer minha própria mágica, mesmo se não parecer a mágica de ninguém. tenho permissão para cometer erros, e tenho permissão para pegar leve comigo, pois estou aprendendo coisas novas todos os dias. acima de tudo, tenho permissão para me divertir nesta jornada."

fique sentada em silêncio com o cristal de quartzo rosa por alguns minutos. feche os olhos e imagine o tipo de bruxa que mais gostaria de ser. dê um passo além e silenciosamente reivindique essa bruxa como sendo você, agora, neste exato momento, não em algum futuro distante e desconhecido.

quando terminar, diga: "que assim seja." para declarar seu feitiço forte e verdadeiro.

CONVITE PARA ESCREVER NO DIÁRIO MÁGICO: *com sorte, a esta altura você já colocou no papel os detalhes de seu feitiço! se alguma coisa inesperada aconteceu, ou se você decidiu fazer algo diferente no último momento, não se esqueça de anotar. então, lembre-se de explicar como se sentiu enquanto fazia o feitiço. por exemplo, se sentiu como uma pessoa bruxa foda ou uma impostora total? não tenha medo de contar a verdade!*

rótulos na bruxaria

algumas pessoas gostam de usar rótulos específicos para descrever que tipo de bruxa são, tipo uma bruxa verde (alguém que trabalha primariamente com coisas como plantas, flores e ervas) ou uma bruxa do mar (alguém que trabalha primariamente com coisas como areia, algas e conchas).

por sua vez, outras pessoas usam rótulos mais específicos, tipo bruxa de cristal (alguém que primariamente usa cristais), bruxa do tarô (alguém que primariamente usa cartas de tarô) ou bruxa do café (alguém que primariamente usa café).

você não tem que se rotular agora.

menos ainda, você não tem que se rotular quando terminar este livro.

honestamente, você não tem que se rotular nunca se não sentir o chamado.

permita-se explorar este novo mundo mágico primeiro. se um dia decidir se rotular — talvez porque ajude você a sentir mais conexão com sua prática —, ótimo! simplesmente saiba que tudo bem mudar de ideia depois; tudo bem ficar com o rótulo também.

bebê bruxa

nos anos mais recentes, o termo bebê bruxa se tornou um rótulo que bruxas novas usam para se descrever — você não tem que fazer isso, mas quero que saiba que é uma opção.

em minha própria experiência, usar o rótulo de bebê bruxa pode ser muito limitante e tirar o poder. usei esse termo para mim mesma por tempo demaaaais, em especial porque eu sentia que não era boa o suficiente ou que não tinha experiência o suficiente para me chamar de bruxa, mesmo que definitivamente tivesse depois de certo momento — experiência, quero dizer; eu sempre fui boa o bastante, e você também é.

quando larguei a palavra "bebê" e enfim simplesmente comecei a me chamar de bruxa, senti que finalmente tinha alcançado minha mágica verdadeira, sem me desculpar nem me envergonhar... mas, é claro, todo mundo é diferente.

moral da história: se você não se sente bem fazendo, não faça!

CONVITE PARA ESCREVER NO DIÁRIO MÁGICO: *você gosta da ideia de se chamar de bebê bruxa, ou de usar algum rótulo de bruxaria para você, seja agora ou depois? por que ou por que não? acho que observar coisas assim é útil, em especial para ver como sua identidade/crença mudam ao longo do tempo.*

já está sentindo a confiança?

é totalmente normal não sentir confiança quando acabou de começar algo.

quer dizer, você provavelmente não se sentiria confiante no primeiro dia de um emprego novo, e começar sua jornada de bruxaria é a mesma coisa!

assim como num emprego, pode levar bastante tempo e prática para criar sua autoestima com mágica. meu conselho? leia tantos livros de bruxaria quanto puder (não pare depois deste!) e não tenha medo de fazer perguntas difíceis e de se revirar atrás de respostas. então, experimente, experimente e experimente até encontrar seu ritmo.

você vai chegar lá mais cedo ou mais tarde.

tenha um pouco de paciência consigo.

algo que me causava muita ansiedade (e honestamente ainda causa, em especial quando penso em bruxos novos) era ver outras pessoas bruxas dizendo "não é assim que se faz XYZ! é deste jeito que se faz XYZ". mas sabe do que me dei conta? o "jeito" é normalmente só uma preferência pessoal, não um fato.

por exemplo, algumas bruxas gostam de fazer seus rituais de manifestação na lua cheia, enquanto outras, como eu, gostam de fazer rituais de manifestação na lua nova (detalhes dessas práticas um pouco mais tarde).

quem está errado?

ninguém.

fazemos nossa própria mágica sempre e como ela parecer certa para nós!

eu garanto a você que, desde que você se atenha à sua ética de bruxo (que você pode revisar a qualquer momento), não existe uma maneira errada de ser bruxa.

é importante dar espaço às opiniões de outros bruxos, já que todo mundo tem muito a aprender com os outros, mas não deixe que eles fiquem no caminho de uma prática que pareça verdadeira e autêntica para você, certo?

O BÁSICO

CONVITE PARA ESCREVER NO DIÁRIO MÁGICO: *o que aumenta sua confiança? por exemplo, você pode gostar de passar batom ou usar um certo tipo de roupa. veja se consegue incorporar isso nos seus feitiços para que sinta mais segurança.*

quando estiverem encarando o vazio
& estranhamente quietos,

você não tem que se preocupar se
estão bravos, tristes, irritados.

estão apenas tentando ouvir
as cordas da canção de dentro do coração.

... *a melodia mais linda do mundo.*

parte ii

---

sua intuição

"o que é intuição?"

já houve um momento em que você soube uma coisa sem chegar a saber de fato? um sentimento na boca do estômago que você não conseguia afastar por mais que tentasse, mesmo que não tivesse um motivo "lógico" por trás? só um saber inexplicável, sem medo?

é exatamente isso que é a sua intuição, pessoa bruxa, e ela pode aparecer como:

- pensar em alguém que você conhece e receber uma ligação/mensagem dessa pessoa alguns minutos depois.
- cancelar planos porque alguma coisa não parece muito certa, e depois descobrir que algo nada ideal aconteceu no caminho (como um atraso no trânsito ou um acidente de carro) ou onde você deveria estar (como uma discussão ou a aparição de alguém que você definitivamente não queria ver).
- comprar um livro porque você consegue sentir que deveria lê-lo, e ele muda sua vida.
- marcar uma resposta numa prova não porque você sabe que está certa, mas porque algo em você lhe diz que é essa. e era a resposta correta.
- saber que seu parceiro está traindo você mesmo que não haja os sinais típicos, e então alguma coisa — ou alguém — confirma para você.

e esse é só o começo.

experiências como essas mostram que você sabe muito mais do que pensa que sabe.

elas também mostram para você o imperativo de não apenas ouvir a si mesmo, mas confiar inteiramente em você.

algumas das ideias intuitivas que chegam a você podem ser apenas lembrancinhas divertidas de que sua intuição está alinhada (como a mensagem ou chamada antecipadas). na maior parte do tempo, sua intuição age como seu guia interior, empurrando você na direção daquilo que é bom para você e empurrando para longe daquilo que não é.

todo mundo tem intuição, mas, infelizmente, nem todo mundo sabe como acessá-la ou entender o que ela está tentando dizer. e não é de espantar — essa não é uma habilidade amplamente ensinada. nós também vivemos numa sociedade onde deveríamos seguir as regras, e a intuição não funciona assim.

algumas pessoas bruxas praticam algo chamado divinação para se ajudar a se conectar mais com a sua sabedoria interna, e é isso que vou ensinar a seguir.

CONVITE PARA ESCREVER NO DIÁRIO MÁGICO: *reflita sobre um momento em que você teve uma intuição inspirada sobre alguma coisa. como foi? talvez você simplesmente soubesse algo. talvez tivesse ouvido algo, visto algo, sentido, ou até mesmo cheirado algo. (este último pode parecer engraçado, mas é real. eu às vezes me sinto cercada pelos cheiros das pessoas logo antes de descobrir que elas faleceram.) descreva sua própria intuição única com o maior nível de detalhes para que possa começar a entendê-la um pouco melhor.*

> sempre que tiver um palpite intuitivo sobre o futuro, anote-o no seu diário mágico, mesmo que não pareça estar correto na hora. ele pode muito bem se realizar mais tarde, e você com certeza vai querer voltar e ver quanta razão tinha!

"hum, certo, mas o que é divinação?"

divinação é a prática de usar ferramentas como cartas de tarô, cartas de oráculo e pêndulos para receber mensagens mágicas.

(sim, também se usam bolas de cristal às vezes!)

assim como as ideias sobre bruxas são altamente dramatizadas na mídia, as ideias sobre divinação tendem a ser também. não, não vai começar uma tempestade no momento em que você pegar sua caixa de cartas de tarô (apesar de que seria legal se acontecesse) e não, você provavelmente não vai prever a morte trágica e inesperada de alguém.

mas há um pequeno fundo de verdade nessas ideias: dependendo de como escolhe usá-las, as ferramentas de divinação podem dar a você um vislumbre de seu futuro.

prever coisas não é o único poder delas, contudo.

na maior parte do tempo, gosto de usar a divinação como um meio de ganhar visão profunda e mágica a respeito de minha vida e objetivos — de autorrefletir sobre onde estive, esclarecer exatamente onde estou agora em minha jornada e descobrir algumas indicações sobre meu caminho a seguir.

"espera aí. eu achava que tinha que ser médium para usar cartas de tarô & tal"

entendo por que você pensaria assim.

quando eu era pequena, minha mãe colecionava cartas de tarô e oráculos cheios de lindos seres como anjos e fadas. eu amava ficar sentada passando carta por carta, admirando a arte e sonhando que um dia eu poderia ler cartas...

mas eu só fui até esse ponto por muitos anos.

nem sequer tentei aprender a ler as cartas porque eu, como tantas pessoas, tinha a impressão de que precisava ter algum dom psíquico inato para captar a sabedoria daquelas cartas corretamente, e um dom psíquico inato que eu não possuía.

ou era o que eu pensava.

acabei aprendendo que, assim como todo mundo pode ser uma bruxa, qualquer um pode brincar com a arte da divinação se quiser, algo que faço... todos os dias da minha vida. (só para esclarecer: você não tem que ser bruxa para fazer divinação, nem vice-versa. qualquer pessoa pode. no entanto, é uma prática popular entre pessoas bruxas de hoje em dia.)

para ler cartas, tudo de que precisa é uma coisa: sua intuição. como você já sabe, isso é algo que todo mundo tem.

algumas pessoas podem até dizer que a intuição é um dom psíquico inato. (eu sou uma dessas pessoas).

em minha opinião, quando você faz uma pergunta às suas cartas de tarô (ou às suas outras ferramentas de divinação), é você quem traz a resposta — qualquer coisa que elas dizem sai de dentro de você. você pode não achar que sabe essas coisas, mas sabe, mesmo que estejam no fundo do fundo do fundo do nível inconsciente. tudo que as ferramentas fazem é traduzir de um jeito que você consiga entender melhor.

CONVITE PARA ESCREVER NO DIÁRIO MÁGICO: *o que você sempre quis fazer, mas se convenceu de que não é capaz? de que maneira suas crenças limitantes podem estar te atrasando, não apenas em termos de divinação, mas em outras áreas de sua prática de bruxaria também?*

lendo o futuro

antes de sequer pensar em tocar uma ferramenta de divinação, é importante que você entenda algo: nada — e, aproveitando a deixa, ninguém — pode prever seu futuro com cem por cento de certeza.

o que as ferramentas de divinação podem fazer é mostrar o que tem potencial.

é tudo uma questão de possibilidade.

pessoalmente, acho que meu destino não está gravado na pedra.

ele está constantemente sendo desenhado por meus pensamentos, decisões e ações; portanto, ele está sempre mudando. as ferramentas de divinação podem apenas prever uma quantidade limitada com base no que estou pensando, decidindo e fazendo neste exato momento.

e, se eu ouvir uma resposta de que não gosto, faço o que puder para mudá-la, de maneira prática ou mágica.

porque, como falei, nunca sou impotente.

eu sou pura potência.

e você também é, pessoa bruxa.

CONVITE PARA ESCREVER NO DIÁRIO MÁGICO: *você acha que escreve a história da sua vida conforme avança ou que uma força superior já escreveu sua história por você? será que é um pouco dos dois?*

tenho um ritual matinal
em que abro as cortinas

& imagino
o céu me perguntando

"o que você vai fazer com o dia de hoje?"

em vez de responder,
tudo o que consigo fazer é sorrir

posso fazer o que eu quiser
eu posso até me refazer, se quiser.

... sempre escolhendo a próxima aventura.

sua ética de divinação

já falamos de sua ética a respeito da prática de bruxaria. agora, vamos entrar nas especificidades e falar da ética de sua prática de divinação.

    eu não posso decidir por você que tipo de ética de bruxaria seguir, muito menos posso decidir por você que tipo de ética de divinação seguir.

    é uma escolha sua, como deve ser!

    no entanto, vou lhe dar alguns conselhos, que você pode seguir ou ignorar. só peço que pare e pense neles com cuidado. a divinação pode ajudar e até divertir às vezes, mas também pode ser muito séria e deve ser abordada dessa forma.

neste livro, vou lhe ensinar a fazer divinação para você e sobre você. (outras pessoas podem aparecer em suas leituras, mas sugiro que lide com isso de forma não invasiva.) pessoalmente, acho que é o melhor lugar para começar. se tiver interesse, você pode fazer divinação para outras pessoas depois de adquirir um pouco de prática.

dito isso, deixo um alerta bem sério contra fazer leituras sobre outras pessoas a não ser que elas lhe deem essa permissão.

como você se sentiria se alguém fizesse uma leitura sobre suas questões pessoais sem avisar você? desconfortável, tenho certeza. talvez veja isso até mesmo como uma violência, dependendo do tipo de informação que tenham buscado. tenha isso em mente e trate outras pessoas da maneira como gostaria de ser tratado.

finalmente, desaconselho muito fazer perguntas demasiado sérias sobre outras pessoas (e até sobre você mesmo), em especial as que poderiam ter respostas devastadoras ou que induziriam ansiedade, por exemplo, sobre questões de saúde, gravidez, questões jurídicas, ou morte.

lembre-se: só porque você pode fazer certas perguntas, não significa que deveria.

não vou fingir que sou perfeita. já cometi muitos erros para chegar aonde estou. quando eu não sabia bem, fiz perguntas que provavelmente não deveria às minhas cartas. até mesmo fiz feitiços que não faria agora — nenhuma desgraça, mas nada alinhado com quem sou hoje. peguei essas situações e as transformei em lições para fortalecer minhas éticas no futuro.

CONVITE PARA ESCREVER NO DIÁRIO MÁGICO: *escreva uma lista de sua ética de divinação. certifique-se de marcar a página para poder voltar a ela sempre que precisar de uma lembrança ou revisar coisas sobre as quais mudou de ideia.*

cartas de tarô

existe um pouco de debate sobre a origem do tarô, mas a maioria acredita que começou como um jogo de cartas italiano em meados dos anos 1400, transformando-se com o tempo na ferramenta de divinação que conhecemos e amamos hoje.

> **cartomancia é a prática de usar cartas para divinação.**

quando você pensa no tarô, a primeira coisa que associa é provavelmente o baralho de tarô rider-waite-smith.

o baralho rider-waite-smith foi publicado pela primeira vez no começo dos anos 1900 e é considerado por muitas pessoas o baralho tradicional. é também o mais popular entre pessoas bruxas e outros praticantes de tarô. na verdade, os baralhos de tarô com setenta e oito cartas que se encontram nas estantes de grandes lojas de departamentos e até na loja de esoterismo perto da sua casa são reinterpretações desse baralho!

por causa do fato de o tarô (e mais especificamente o baralho rider-waite-smith) já ter aparecido em todas as formas de mídia —

livros, televisão, filmes, até música —, a maioria das pessoas está familiarizada com as cartas icônicas como a morte, o diabo e os enamorados, mesmo que não saibam exatamente seu significado.

equívocos sobre o tarô

o tarô tem um impacto inegável na mídia e na cultura pop, ainda que a maioria das pessoas só saiba coisas superficiais a respeito. a maior parte desse conhecimento consiste em informações erradas que as afastam de obter seu próprio baralho e aprender a usá-lo.

então vamos esclarecer algumas coisas:

- ◆ você não precisa receber seu primeiro baralho de tarô de presente, e definitivamente não dá "má sorte" comprar o seu próprio. a não ser que a pessoa que te presenteie conheça você muito bem, eu o encorajo a comprar seu próprio baralho — dessa forma, você pode ter certeza de que está comprando um com o qual se conecte de verdade!

- ◆ cartas de tarô têm sentidos simbólicos. se você tira a carta do diabo, o diabo literal não vai subir das profundezas de fogo para pegar você. mais provavelmente, ela está apontando para uma pessoa tóxica (que pode às vezes ser você) ou um padrão presente em sua vida.

- ◆ você pode ler para si mesmo; na verdade, é um treino excelente para se/quando quiser ler para outras pessoas. só tente não ser tendencioso demais nas suas interpretações, já que o tópico — você — é tão pessoal! (acontece com os melhores de nós.)

- ◆ você não precisa decorar os sentidos das cartas. não vai haver uma prova em que você passa ou reprova. se tentar decorá-las, você pode acabar se estressando demais para fazer uma leitura apropriada. só tente ter uma noção firme da ideia geral da carta para contar com um ponto de partida para suas interpretações intuitivas, mesmo que isso signifique consultar um manual de vez em quando.

- dito isso, não existe um jeito "certo" ou "errado" de ler as cartas, então não deixe ninguém dizer que existe. a intuição de cada um vai interpretar as coisas de jeitos diferentes. sua perspectiva única é o que faz suas leituras tão especiais.

- você não precisa ler usando cartas invertidas (também chamadas de cartas de cabeça para baixo), mas, honestamente, elas não são tão ruins como algumas pessoas fazem parecer. muitas vezes elas simplesmente mostram algo a superar ou em que trabalhar, o que pode ser uma coisa bastante importante de saber!

CONVITE PARA ESCREVER NO DIÁRIO MÁGICO: *qual o seu maior medo quando se trata de aprender a ler tarô? quando escrever, imagine o medo deixando seu corpo, correndo pela caneta e terminando descartado na página.*

estrutura do tarô

o tarô tem um sistema estruturado de setenta e oito cartas (não é tão assustador quanto parece, juro!), e algumas interpretações modernas escolhem incluir mais cartas. o sistema se divide em duas partes definidas: os arcanos maiores e os arcanos menores.

os arcanos maiores — compostos das primeiras vinte e uma cartas (0 a 21), tendem a representar grandes temas na sua vida — pense em lições, pessoas, eventos, aspectos grandes que definem a vida. essas são as cartas a que você vai querer prestar o máximo de atenção numa leitura, porque vão apontar para algo superurgente que pode estar afetando sua vida.

os arcanos menores — compõem as cinquenta e seis cartas restantes. divididas em quatro naipes — copas, ouros (ou pentáculo), espadas e paus, essas cartas representam as coisas menores e do dia a dia com as quais você pode lidar. cada naipe também tem a sua corte de quatro cartas (valete, cavaleiro, rainha e rei), que podem representar pessoas/personalidades (você ou outras pessoas) que podem entrar em jogo. as cartas dos arcanos menores têm menos peso que as cartas dos arcanos maiores, mas coisas pequenas têm o potencial de virar uma bola de neve em algo imenso, então preste alguma atenção — é um jeito fácil de evitar problemas!

significados do tarô

daqui a pouco vou lhe dar uma lista de significados de cartas de tarô na forma de frases fáceis de lembrar. você não tem que ler de uma vez só — pense nisso mais como uma referência. (observação: existem muitas formas de ler as cartas. estas são só minhas destilações pessoais.)

de forma nenhuma essas definições são as mais importantes. os significados do tarô são muito mais complexos do que vai aparecer neste livro, mas este é um bom lugar para começar se você estiver se sentindo sobrecarregado com tanta informação. se estiver se sentindo assim, eu entendo totalmente! setenta e oito cartas é muito para compreender. demorei alguns anos para me familiarizar com cada uma delas. ainda tenho dificuldade às vezes, em especial com as cartas da corte. (ugh.)

as interpretações das outras pessoas não são a coisa mais importante para levar em consideração, de um jeito ou de outro. suas interpretações intuitivas são.

quando tirar uma carta, leia primeiro com o instinto. aprecie as cores, os símbolos, os animais, as pessoas. o que significa para você? depois que anotar, dê uma olhada na minha definição e veja se consegue encaixar sua interpretação naquele contexto.

se não conseguir, atenha-se à sua interpretação intuitiva. você tem todo o conhecimento, então provavelmente está tentando dizer algo para si mesmo que só você consegue entender.

escolhendo um baralho de tarô

antes de começar, trate de ter um baralho de tarô. escolher um baralho — ainda mais o seu primeiro — pode ser uma experiência estressante. existem vários no mundo, e mais e mais são lançados a cada ano. como uma bruxa vai escolher?

eis aqui algumas coisas a considerar:

- você pode querer começar com o baralho tradicional: o rider-waite-smith. tem algumas versões diferentes para escolher, como um rider-waite radiante ou um vintage. depois que aprender a ler com essas cartas, você pode ler a maioria das setenta e oito cartas com facilidade.

- baralhos podem ser encontrados em lojas conhecidas, como a amazon ou livrarias de rede, mas nem todos os baralhos são disponibilizados por vias tradicionais ou disponíveis amplamente. use o google ou procure hashtags relacionadas ao tarô em redes sociais para ver se consegue encontrar opções alternativas. melhor ainda, fuce na loja de esoterismo perto da sua casa e veja o que eles têm!

- a maioria dos baralhos que você vai encontrar é ilustrada. alguns são hiper-realistas, outros parecidos com desenhos, e alguns ficam no meio do caminho. alguns são em tons pastel; outros são mais góticos. tire um tempo para pensar em que tipo de arte você prefere.

- alguns baralhos têm imagens de pessoas ou animais. alguns têm de bruxas, deusas, fadas, anjos, dragões ou unicórnios. alguns têm cristais, plantas ou até mesmo personagens da cultura pop. a lista não tem fim. com que tema você acha que se conectaria mais?

- pode ser que você esbarre num baralho que te puxe de maneira inexplicável. mesmo que você não necessariamente se conecte com o estilo de arte ou o tema. como sempre, confie na intuição — é provável que ela esteja informando que você e as cartas se conectarão de formas menos óbvias.

assim que chegar a um baralho, você definitivamente vai querer limpá-lo magicamente, porque quem sabe por quantas mãos passou antes de chegar a você? você pode fazer isso com as ferramentas de costume que já discutimos, ou pode simplesmente bater no topo do baralho três vezes. (três é um número supermágico na bruxaria, então as bruxas frequentemente fazem coisas mágicas em grupos de três.)

CONVITE PARA ESCREVER NO DIÁRIO MÁGICO: *que baralho de tarô você escolheu como seu primeiro? explique o que atraiu você para ele e suas impressões iniciais sobre ele.*

SUA INTUIÇÃO

os significados dos arcanos maiores

os arcanos maiores contam a história do louco (carta 0). essas cartas revelam as grandes bênçãos, os desafios quase impossíveis e tudo o que atravessamos na vida e que nos molda, do começo ao fim.

0: o louco — você está dando o primeiro passo numa grande aventura nova (de pé) | você pode estar com medo de começar algo; deixe o medo de lado e salte! (invertida)

1: o mago — você está manifestando seus sonhos e objetivos (de pé) | a falta de autoconfiança está bloqueando seu sucesso (invertida)

2: a sacerdotisa — sua intuição está exatamente no lugar nesta situação (de pé) | você está ignorando sua sabedoria interior, o que prejudica sua vida (invertida)

3: a imperatriz — você está florescendo de tantas maneiras lindas, em especial as criativas (de pé) | você não está se nutrindo o suficiente (invertida)

4: o imperador — você tem tudo sob controle (de pé) | é hora de tomar seu poder de volta, bruxa (invertida)

5: o hierofante/grão-sacerdote — você pode encontrar valor em seguir a tradição (de pé) | dane-se a tradição e faça as coisas do seu jeito (invertida)

6: os enamorados — você tem uma decisão importante para fazer envolvendo seus desejos pessoais (de pé) | seu coração pode estar desencaminhando você (invertida)

7: a carruagem — sua determinação está empurrando você para a frente (de pé) | a falta de motivação está impedindo seu progresso (invertida)

8: a força — você tem força suficiente para fazer qualquer coisa (de pé) | não duvide tanto de sua força interior, coisa linda (invertida)

9: o eremita — seja guiado pelo interior (de pé) | você está passando um pouco de tempo demais a sós com seus pensamentos (invertida)

10: roda da fortuna — você está sob um grande golpe de sorte (de pé) | não deixe a má sorte desanimar você; a sorte vai voltar (invertida)

11: a justiça — você está sendo premiado por se ater às suas morais (de pé) | você pode precisar encarar as consequências de suas próprias ações (invertida)

12: o enforcado — você está descansando entre dois capítulos grandes (de pé) | sua impaciência está piorando muito mais as coisas do que precisam ser (invertida)

13: a morte — essa versão de você está acabando, e é melhor assim (de pé) | você está se apegando a uma versão antiga de você que não serve mais (invertida)

14: a temperança — você está pacificamente em equilíbrio (de pé) | você precisa criar um pouco mais de harmonia em sua vida, meu bem (invertida)

15: o diabo — há uma pessoa tóxica ou um padrão tóxico em sua vida (de pé) | faça algo com essa pessoa/padrão tóxica antes que o dano seja severo demais (invertida)

16: a torre — sua vida vai virar de ponta-cabeça (de pé) | você está lutando contra mudanças necessárias e causando mais dor em si (invertida)

17: a estrela — sua vida vai ficar tããão melhor (de pé) | mantenha a fé e continue no caminho (invertida)

18: a lua — alguma coisa vai vir à luz que vai causar todo tipo de descoberta (de pé) | apesar de seus medos, não tem problema ficar exposto e vulnerável (invertida)

19: o sol — você vai ter um bom motivo para ser uma pessoa bruxa cabeça-fresca (de pé) | você não está se permitindo fazer aquilo que te alegra (invertida)

20: o julgamento — você está sentindo o chamado para entrar em cena e fazer algo imenso e inesperado (em pé) | você está ignorando o chamado porque não está vendo quão incrível vai ser (invertida)

21: o mundo — você está comemorando uma conquista muito esperada (de pé) | você está com medo de seguir em frente para sua próxima grande aventura, mas não há nada a temer (invertida)

os arcanos menores
significados dos naipes de copas

o primeiro arcano menor que vamos olhar é o de copas, que está associado com o elemento água. essas cartas se referem a suas experiências com emoções, intuição e inspiração. muitas delas estão ligadas a relacionamentos, românticos ou de qualquer tipo.

ás de copas — você está sendo abençoado com um sentimento ou conexão novo que tem potencial para se expandir (de pé) | por que você não está fazendo nada para fazer essa relação evoluir? (invertida)

dois de copas — você pode confiar nessa conexão profunda e amorosa com alguém (de pé) | pode haver um caminho difícil numa relação, então lhe dê um pouco mais de amorzinho (invertida)

três de copas — seu grupo de amigos está desabrochando totalmente (de pé) | ooopa, bomba nuclear no meio da amizade à vista! cuide para salvar o que for bom (invertida)

quatro de copas — você está se entediando com todo mundo e com tudo (de pé) | a estagnação está, oficialmente, impactando seu bem-estar emocional de forma negativa, hora de mudar já! (invertida)

cinco de copas — você está de luto, e isso te cega para outras bênçãos (de pé) | já passou da hora de ir em frente (invertida)

seis de copas — você está sentindo uma maravilhosa nostalgia (de pé) | você precisa se dar conta de que há uma diferença entre relembrar e se prender ao passado (invertida)

sete de copas — você tem tantas opções que falam ao seu coração (de pé) | você está se sobrecarregando com opções, escolha a que parecer certa! (invertida)

oito de copas — você está deixando alguma coisa que não te preenche mais (de pé) | você se nega a se afastar mesmo quando as coisas provavelmente não vão mudar (invertida)

nove de copas — você tem tanto a agradecer (de pé) | você está vivendo o sonho, mas já não parece suficiente (invertida)

dez de copas — você está vivendo sua vida mais feliz (de pé) | você está vivendo o sonho, mas não parece mais que é o suficiente (invertida)

valete de copas — o sonhador que se apega a um personagem ficcional novo a cada semana (de pé) | alguém que é um pouquinho imaturo emocionalmente (invertida)

cavaleiro de copas — o tipo charmoso e romântico que segue cada chamado do coração (de pé) | uma pessoa que parece charmosa e romântica até que você conheça a versão real dela (invertida)

rainha de copas — o empático típico que cuida de todo mundo (de pé) | uma pessoa obcecada em agradar que precisa se concentrar nos seus próprios sentimentos para variar (invertida)

rei de copas — alguém que é equilibrado e maduro (de pé) | uma pessoa emocionalmente manipuladora (invertida)

os arcanos menores
significados dos naipes de ouros (pentáculos)

a seguir vem o naipe de ouros, que está relacionado ao elemento terra. essas cartas têm a ver com questões como estabilidade, natureza e prosperidade. ame ou odeie (e tem vários motivos para odiar), o mundo material em que vivemos nos impacta constantemente!

ás de ouros — você recebeu uma oportunidade material com toneladas de potencial (de pé) | você recebeu o potencial e jogou fora (invertida)

dois de ouros — você está tentando equilibrar trabalho, vida e outras responsabilidades (de pé) | você não está priorizando as coisas certas (invertida)

três de ouros — você está trabalhando e aprendendo com os outros (de pé) | você vai precisar começar a seguir as regras e ser simpático com os outros para conquistar qualquer coisa (invertida)

quatro de ouros — você está se sentindo financeiramente estável (de pé) | você está tão financeiramente estável que está com medo de gastar um centavo que seja (invertida)

cinco de ouros — você pode estar passando por algum tipo de falta ou medo de falta (de pé) | você recebeu uma mão para ajudar, então segure nela (invertida)

seis de ouros — você está dando (ou recebendo) um presente generoso (de pé) | você pode passar por uma falta de caridade (invertida)

sete de ouros — você está criando algo para ver o que floresce (de pé) | você não viu os resultados ainda e sente frustração, apropriadamente (invertida)

oito de ouros — você anda trabalhando sem parar para garantir que vai atingir seus objetivos (de pé) | você se prendeu demais aos detalhes pequenos para conseguir terminar qualquer coisa (invertida)

nove de ouros — você é um sucesso por esforço próprio e sabe disso (de pé) | você não está desfrutando o suficiente de seu sucesso (invertida)

dez de ouros — você chegou ao seu último objetivo financeiro (de pé) | você chegou ao seu último objetivo financeiro, mas ainda não se sente satisfeito: por quê? (invertida)

valete de ouros — uma pessoa que está tentando decifrar a própria vida e carreira (em pé) | alguém que não tem direção ou perspectiva (invertida)

cavaleiro de ouros — alguém que toma decisões inteligentes e deliberadas rumo aos seus objetivos (de pé) | a pessoa que tem medo de tentar coisas novas e de assumir riscos saudáveis (invertida)

rainha de ouros — a pessoa que impecavelmente coordena o próprio calendário e o de todo mundo (de pé) | alguém que está sobrecarregado e carregando um fardo grande demais (invertida)

rei de ouros — o sucesso firme que garante que todo mundo ao redor tenha o que precisa (de pé) | alguém que é ganancioso demais (invertida)

os arcanos menores
significados dos naipes de espadas

agora, o naipe de espadas. essas cartas representam o elemento ar. os temas neste naipe são intelecto, ideias e comunicação. algumas das cartas mais "choque de realidade" aparecem aqui, então muita gente o detesta, mas quer saber? às vezes esses choques de realidade são necessários.

ás de espadas — você tem uma ideia com muito potencial (de pé) | você está decidindo não seguir essa ideia (invertida)

dois de espadas — você está fazendo uma escolha entre duas direções (de pé) | pare de fingir que não sabe o que quer fazer (invertida)

três de espadas — seu coração está partido (de pé) | você está se concentrando nas nuvens de chuva por tempo demais; é hora de se secar e seguir em frente, amiga bruxa (invertida)

quatro de espadas — você precisa descansar seu corpo e sua mente (de pé) | você se negou a se recarregar, então seu corpo e mente decidiram fazer uma pausa por você (invertida)

cinco de espadas — você pode ter ganhado o debate, mas perdeu muito respeito no processo (de pé) | deixe de lado seu ego e conserte o que quebrou (invertida)

seis de espadas — você está se afastando de uma situação difícil para encontrar a cura (de pé) | você está carregando bagagem demais para seguir em frente apropriadamente (invertida)

sete de espadas — você tem que agir por baixo dos panos para conseguir o que merece às vezes (de pé) | egoísmo ≠ autocuidado (invertida)

oito de espadas — você se sente em uma prisão (de pé) | você não é tão impotente quanto afirma ser: liberte-se imediatamente (invertida)

nove de espadas — você sente muita ansiedade por algo (de pé) | você correu tão longe com suas preocupações que isso está afetando sua realidade (invertida)

dez de espadas — traíram você (de pé) | junte seus pedaços e lamba as feridas (invertida)

valete de espadas — aquela pessoa que ama aprender e manda uma mensagem de texto todos os dias com um fato curioso (de pé) | o tipo que espalharia rumores ou informações falsas (invertida)

cavaleiro de espadas — uma pessoa que não tem medo de ir atrás de seus sonhos (de pé) | alguém que faz coisas sem pensar nas consequências (invertida)

rainha de espadas — alguém que não tem medo de falar sua verdade (de pé) | uma pessoa que corta as outras com suas palavras (invertida)

rei de espadas — a pessoa mais inteligente que você conhece (de pé) | alguém que não leva os sentimentos de ninguém em consideração na hora de tomar decisões (invertida)

os arcanos menores
significados dos naipes de paus

enfim, chegamos ao baralho de paus! esse naipe está ligado ao elemento fogo. aqui, você vai encontrar cartas que têm a ver com coisas como paixão, criatividade e energia. (como uma pessoa criativa, percebo que as cartas de paus tendem a aparecer muito para mim.)

ás de paus — você está tendo uma explosão de criatividade com potencial (de pé) | você não está seguindo para onde sua paixão está tentando te levar (invertida)

dois de paus — você está colocando planos em movimento (de pé) | você está meio tipo "quero fazer esse negócio, mas sei lá por onde eu começo" (invertida)

três de paus — você está prestes a ver o resultado de todo o seu trabalho duro (de pé) | você não está vendo os resultados que esperava a esta altura... hora de voltar a planejar! (invertida)

quatro de paus — você está se sentindo confortável e em casa com as pessoas ao seu redor (de pé) | você sente que ninguém te apoia ou te entende (invertida)

cinco de paus — você está numa discussão que esquentou demais (de pé) | isso não pode ser resolvido até todo mundo sossegar o facho (invertida)

seis de paus — você finalmente vai conseguir o reconhecimento que merece (de pé) | você não deveria ter medo de ser o centro das atenções... você mereceu! (invertida)

sete de paus — você pode ter que se defender contra gente que torce pela sua queda (de pé) | você está deixando os haters influenciarem demais (invertida)

oito de paus — você deveria esperar ter algum progresso, tipo agora (de pé) | você não está contente com a velocidade das coisas (invertida)

nove de paus — você ainda está em pé depois de um desafio exaustivo (de pé) | não desista ainda, está bem? (invertida)

dez de paus — você está assumindo muito, mas está quase terminando (de pé) | você se exauriu carregando coisas demais (invertida)

valete de paus — aquela pessoa que se apaixona por algo novo a cada dia (de pé) | uma pessoa que não consegue encontrar seu desejo pela vida (invertida)

cavaleiro de paus — alguém que avança a cada desejo que tem (de pé) | o tipo selvagem e irresponsável (invertida)

rainha de paus — aquela pessoa que não tem medo de brilhar forte (de pé) | alguém que precisa acessar sua confiança (invertida)

rei de paus — a pessoa que faz o que ama e empodera todo mundo a fazer o mesmo (de pé) | uma pessoa temperamental e brava que assusta os outros (invertida)

sua primeira leitura de tarô

depois que encontrar um baralho de tarô que se conecte com você e se familiarizar um pouco com as cartas, é hora de fazer sua primeira leitura! (você vai arrasar!)

DO QUE VAI PRECISAR

uma vela roxa num suporte
um cristal de ametista
um fósforo ou isqueiro
seu baralho
seu diário mágico
um utensílio para escrever

INSTRUÇÕES

no seu altar, organize sua vela roxa e cristal de ametista como gostar. ao acender sua vela, diga: "eu me abro para receber mensagens de minha intuição. confio em minha sabedoria interior sem medo ou hesitação, pois ela nunca me diria algo que eu não sei ou com que não possa lidar".

agora, pegue seu baralho e embaralhe-o por alguns momentos ou até achar que as cartas estão misturadas o suficiente.

pode parecer um pouco bobo, mas quero que você se apresente ao seu baralho e o informe de que vai fazer algumas perguntas. isso se chama entrevista de baralho, que pode ser feita antes de usar qualquer baralho novo.

para cada uma das três perguntas a seguir, segure o baralho no meio de ambas as mãos e faça sua pergunta. embaralhe, então tire uma carta. (sempre faça a pergunta antes de tirar uma carta; do contrário, você simplesmente vai tirar uma mensagem aleatória sem contexto, o que não ajuda em nada.)

- "agora que você sabe quem sou, quem é você? descreva-se com uma carta."
- "qual a melhor maneira de me conectar com você?"
- "se você pudesse me dar qualquer conselho neste momento, qual seria?"

conforme avança nas perguntas, lembre-se de anotar as perguntas, assim como suas interpretações das respostas do batalho, em seu diário mágico. quando terminar a leitura, agradeça ao baralho por lhe dar seu tempo e energia, então deixe a vela queimar até o fim ou a apague e a use para a próxima leitura.

prática diária de tarô

se quer aprender o tarô, uma ótima forma de se familiarizar com as cartas é tirar uma diariamente. eu gosto de ir ao meu altar depois de acordar e tirar uma carta para ajudar a manter o tom para o dia.

você pode fazer qualquer pergunta que quiser, mas aqui vão algumas perguntas/sugestões que eu uso em minha rotação:

- qual intenção me serviria melhor?
- qual é a energia/tema do meu dia?
- como posso arrasar e alcançar objetivos?

volte ao seu altar antes de ir dormir e contemple como a mensagem se desenvolveu. dessa forma, ao longo do tempo, você vai aprender o que cada carta significa para você, tornando suas leituras de cartas futuras muito mais precisas!

> desafio: tente tirar duas cartas para responder a uma única pergunta/sugestão, usando seu próprio senso comum e criatividade intuitiva para combinar seus sentidos. por exemplo, digamos que você tire a torre e um nove de copas para sua intenção. eu interpretaria isso como: quando parecer que tudo está indo mal, tire um instante para se lembrar de quantas bênçãos você ainda tem.

leitura de tarô para se lembrar de seu propósito

quando se sentir um pouco sem rumo na vida, faça esta tiragem de três cartas para ajudar a se guiar para fora da floresta. interprete cada carta individualmente e então veja se consegue encontrar quaisquer conexões entre as cartas — não apenas em seus símbolos, mas nas ilustrações e símbolos. o que elas lhe dizem? alguns símbolos têm significados comuns que você pode encontrar com uma busca rápida, mas suas próprias associações pessoais frequentemente são muito mais poderosas.

✳ TIRAGEM DE CARTAS ✳

CARTA 1	CARTA 2	CARTA 3
qual é meu propósito?	que ação posso realizar agora mesmo para viver o meu potencial ao máximo?	uma mensagem para me empoderar no meu caminho atual.

CONVITE PARA ESCREVER NO DIÁRIO MÁGICO: *você já pensou em qual poderia ser o seu propósito? é diferente da carta que tirou? tenha em mente que você pode ter mais de um. além disso, seu propósito pode não ser algo óbvio, como ajudar os outros ou ter filhos. às vezes seu propósito pode ser algo simples, como ser feliz, que é tão válido quanto.*

outras formas de usar cartas de tarô

mágica diária — para isso, você vai escolher propositalmente uma carta de tarô para representar a energia que quer encarnar nesse dia. por exemplo, se você quer ter um dia de folga relaxante e descansando, tente exibir o quatro de espadas no seu altar.

escrita — cartas de tarô também podem ser usadas como convites para escrever no diário. para fazer isso, peça ao seu baralho para lhe dar uma carta aleatória, ou então você pode escolher de propósito uma carta a respeito da qual queira escrever. assim que tiver sua carta, explore o que ela significa para você e a maneira como se relaciona com sua vida ou situação atual. há alguma sabedoria que possa tirar dessa carta?

> tente tirar uma carta de tarô para ajudar a inspirar algumas de suas respostas aos convites para escrever no diário mágico dentro deste livro.

feitiços — sou conhecida por incorporar cartas de tarô em meus feitiços. eu entendo que cada carta tem a energia de seu significado único, e você pode invocar essa energia para dentro de seu feitiço da mesma forma que faria com velas, ervas e cristais. a seguir, vou lhe mostrar como fazer um feitiço para a confiança usando o tarô!

feitiço de tarô para a autoconfiança

este feitiço é perfeito para quando você precisar de um aumento de confiança, seja para uma ocasião específica (como fazer uma apresentação, encarar alguém ou fazer algo que intimida você) ou só em geral!

DO QUE VAI PRECISAR
a carta de tarô da rainha de paus
uma vela vermelha num suporte
um isqueiro ou fósforo
uma pedra olho de tigre
três paus de canela

INSTRUÇÕES

segure sua carta de rainha de paus no nível dos olhos e afirme "eu sou esta pessoa: uma pessoa foda e confiante". pouse a carta deitada no meio da área do feitiço em seu altar.

no topo da carta, coloque a vela vermelha. ao acendê-la, diga "sou uma pessoa foda, confiante e forte".

colocando o olho de tigre ao lado ou na frente da sua vela, diga "sou uma pessoa foda, confiante, forte e corajosa".

por fim, pegue seus três paus de canela e posicione-os criativamente junto/ao redor dos outros componentes de seu feitiço, por exemplo, em formato de borda triangular, se o espaço permitir. ao colocar seu terceiro e último pau de canela, diga "sou uma pessoa foda, confiante, forte e com muita coragem agora e sempre. que assim seja".

deixe a vela queimar até apagar ou apague-a e use num feitiço futuro de confiança.

você também pode escolher carregar a pedra consigo ou transformá-la numa pulseira/colar para que ela inspire confiança aonde você for!

> ela caminha de cabeça erguida
> sabendo que tem
> um olho de tigre pendurado no pulso
> & um fogo queimando na barriga.
>
> *... melhor tomar cuidado com a bruxa.*

cartas de oráculo

uma das perguntas que mais me fazem é: "ei, amanda, qual a diferença entre cartas de tarô e oráculo?".

a resposta é muito menos complicada do que você provavelmente pensa.

a esta altura você já sabe que a maior parte dos baralhos de tarô tem um sistema estruturado de setenta e oito cartas baseado no tarô tradicional rider-waite-smith. em outras palavras, quando pega qualquer baralho de tarô, você basicamente sabe o que tem ali, com alguns ajustes para licenças artísticas.

não é o caso de baralhos de oráculos.

quando criei o *acredite na sua própria magia: um oráculo de cartas*, não segui nenhuma regra. ele se baseia na minha série de poemas *as mulheres têm uma espécie de magia*, mas esse foi só um guia que segui com maior ou menor fidelidade conforme eu quis. o tema, o número de cartas, os nomes das cartas, os significados das cartas, a estrutura — tudo isso fui eu. não houve um baralho de oráculo tradicional para usar de referência, porque isso não existe.

o que eu quero dizer: cada baralho de oráculo no mundo é único. não posso lhe dar interpretações, porque elas só existem no guia individual de cada baralho.

percebo que também há uma diferença entre o tipo de mensagens que recebo de cartas de tarô e de cartas de oráculo. cartas de tarô tendem a ter significados mais mundanos e práticos (nada disso é ruim), enquanto baralhos de oráculo em geral falam mais com seu mundo interior — conselhos gentis, mensagens provocadoras, afirmações positivas.

eu uso e amo os dois os tipos de baralhos, e acho que há espaço para ambos na vida de uma pessoa bruxa.

assim como foi com seu primeiro baralho de tarô, você vai querer procurar bem até achar um oráculo que se conecte intuitivamente com você. você também vai querer escrever por que o escolheu, limpá-lo e conduzir uma entrevista de baralho com ele (ver página 71 — é, as mesmas perguntas e tudo!). já que os significados de cartas de oráculo tendem a ser menos diretos, pode ser que você precise ter um pouco mais de criatividade em suas interpretações!

CONVITE PARA ESCREVER NO DIÁRIO MÁGICO: *algumas pessoas preferem baralhos de tarô no lugar de baralhos de oráculo, enquanto outras podem preferir oráculos no lugar de cartas de tarô. depois de ter a oportunidade de usar seu baralho de oráculo, escreva sobre que tipo de baralho prefere e por quê. saiba que não precisa* escolher um no lugar do outro — alguns tipos de baralhos servem melhor a alguns tipos de leituras, o que é algo mais que você pode explorar por si só em sua resposta.

tiragem de oráculo para fazer um check-in interno

assim como confere como as pessoas na sua vida andam, você deve tirar um tempo para fazer um check-in interno também. caso ninguém tenha dito isso para você antes: seu bem-estar é tão importante quanto o bem-estar das pessoas que você ama. dito isso, vamos ver como você tem se cuidado e como pode prestar mais atenção em si no futuro com esta tiragem simples de três cartas.

✦ ✶ TIRAGEM DE CARTAS ✶ ✦

CARTA 1	CARTA 2	CARTA 3
a parte de mim que tenho priorizado ultimamente.	a parte de mim que negligenciei.	a melhor forma de mostrar amor à minha parte negligenciada.

CONVITE PARA ESCREVER NO DIÁRIO MÁGICO: *ao longo dos próximos dias, encontre uma maneira de levar o conselho da carta 3 em consideração e tire um tempo para escrever sobre sua experiência. como você acha que isso beneficiou você no curto prazo? você acha que vai tentar essa técnica de autocuidado de novo no futuro?*

SUA INTUIÇÃO

> você pode usar suas cartas de oráculo das mesmas formas que usa suas cartas de tarô. também pode usar cartas de oráculo em leituras de tarô, então fique à vontade para misturar e combinar baralhos se quiser agitar um pouco as coisas. pessoalmente, gosto de usar cartas de oráculo no final de leituras de tarô para uma pequena dose de... encorajamento ou autoempoderamento — dessa forma, as leituras sempre terminam num tom inspirador, o que ajuda nas leituras mais emocionalmente difíceis.

ritual diário de afirmação de carta de oráculo

quando tiver seu baralho de oráculo novo, você vai querer tirar uma carta todos os dias até se familiarizar com todas. isso é especialmente importante, já que cada baralho de oráculo é diferente e vai, em última análise, lhe dar uma experiência totalmente nova. você pode descobrir que forma uma relação mais forte com as cartas usando este ritual de afirmação diária com a mão na massa.

DO QUE VAI PRECISAR
um baralho de oráculo
seu diário mágico
um utensílio para escrever
um pedaço de papel de rascunho

INSTRUÇÕES

embaralhe seu baralho de oráculo enquanto faz a pergunta: "que afirmação mais me ajudaria hoje?".

assim que tirar sua carta, quero que a mostre em seu altar mágico e realmente absorva a ilustração, assim como o significado do guia. que energia essa carta passa? que mensagens intuitivas você vê quando olha para ela? lembre-se de escrever no diário mágico quaisquer palavras ou expressões que venham à mente.

a seguir, quero que use essas anotações para criar uma afirmação na forma de uma frase.

se você não sabe o que escrever, comece com a frase "eu sou _____" e preencha o espaço. por exemplo, "eu sou merecedor de tudo o que quero", "eu sou brilhante e lanço minha luz para todos verem", ou "eu sou alguém que tem disposição para perdoar em nome de minha própria paz de espírito".

depois que tiver sua afirmação final, escreva-a num pedaço de papel e encontre um lugar para exibi-la em seu altar, de preferência perto da sua tiragem de carta de oráculo.

repita esta afirmação em voz alta para si mesmo: "que assim seja".

volte para seu altar ao menos duas outras vezes nesse dia e repita a afirmação para si a fim de não esquecer. se não for possível por causa de trabalho ou escola (ou, se você for como eu, uma quantidade sem fim de idas ao mercado ou ao café), você também pode tirar uma foto dela e colocar como tela de bloqueio no telefone.

pêndulos

antes de você saber o que são, os pêndulos podem parecer bastante despretensiosos. afinal de contas, eles normalmente lembram colares: uma corrente longa com algum tipo de amuleto na ponta.

na verdade, algumas bruxas — como eu — tiram seus próprios colares e os usam como pêndulo sem nem pensar. (o que é que vou dizer? conveniência é tudo.)

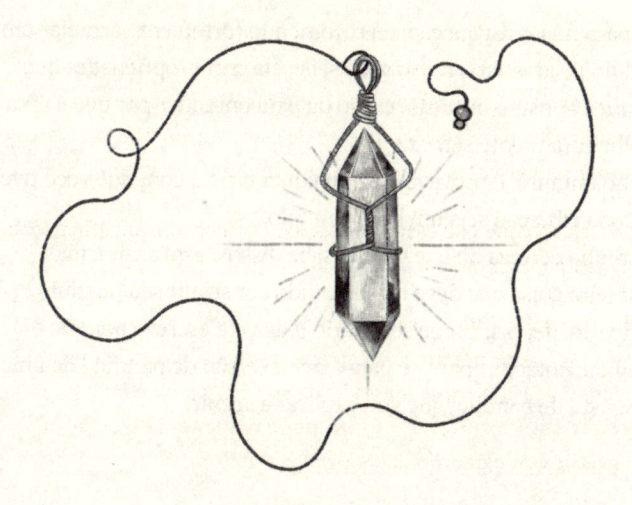

a maioria das pessoas provavelmente se surpreenderia em descobrir que radiestesia com um pêndulo — também conhecida como usar um pêndulo para divinação — não é apenas uma prática antiga, mas um método muito poderoso de divinação, já que as respostas que você receberá são muito diretas.

usar um pêndulo não requer esforço. você só tem que fazer uma pergunta e esperar o pêndulo balançar para um lado ou outro. qual vai ser a resposta: sim, não ou talvez?

não importa a resposta que conseguir, você vai certamente confirmar sua sabedoria interior.

escolhendo um pêndulo

como falei antes, os pêndulos geralmente são correntes longas com amuletos na ponta. o amuleto pode ser feito de qualquer quantidade de materiais, como madeira, metal ou resina. dá para encontrar inclusive pêndulos de noz ou conchas marinhas.

no entanto, o mais comum é que seja um cristal.

para fins de divinação, eu recomendo fortemente arranjar um pêndulo de ametista; como você sabe, ela tem propriedades que ajudam a apoiar a intuição, então dá para entender por que é uma escolha totalmente sensata.

no entanto, é provável que qualquer cristal com que você tiver uma boa vibração seja um bom pêndulo.

tenho certeza de que você já sabe disso a esta altura, mas a primeira coisa que deve fazer quando conseguir seu pêndulo é limpá-lo. depois, pegue seu diário mágico e escreva por que o escolheu, então prepare-se para fazer a versão de pêndulo de uma entrevista de baralho, que vou explicar a seguir!

> não tem acesso a um pêndulo? use um colar com um pingente ou até mesmo um fio com um clipe de papel amarrado na ponta.

sua primeira sessão com o pêndulo

certo, agora que tem seu pêndulo, você provavelmente está ansiando por usá-lo!

DO QUE VAI PRECISAR

um cristal de quartzo transparente

seu pêndulo

seu diário mágico

um utensílio para escrever

INSTRUÇÕES

em primeiro lugar, coloque seu cristal de quartzo transparente em seu altar enquanto recita esta afirmação: "eu me ofereço respostas claras e esclarecedoras durante esta sessão de pêndulo".

sente-se de forma que consiga descansar confortavelmente os cotovelos no altar, porque seus antebraços precisam ficar erguidos e estáveis. tenha em mente que você pode se cansar nessa posição, e não tem problema fazer intervalos quando precisar.

a seguir, usando sua mão dominante, use o indicador e o dedão como pinça e segure a ponta de seu pêndulo, aquela que não tem o amuleto. deixe o resto da corrente restante repousar entre os outros dedos e a palma da mão. a ponta com o objeto deve poder balançar livremente.

agora você vai programar o seu pêndulo.

é nesse momento que você ensina ao seu pêndulo para que lado balançar para dizer sim, não e talvez. faça um por vez, fazendo o movimento que prefere para representar cada resposta. escolha o que fizer mais sentido para você.

estes são os movimentos que eu faço: um círculo no sentido horário para sim, um círculo anti-horário para não, e um lance horizontal para talvez.

depois de programá-lo, teste. faça algumas perguntas de "sim" ou "não" ou cuja resposta você já sabe, por exemplo: "o meu nome é _____?" ou "eu tenho _____ anos?" ou "eu moro em (cidade/estado/país)?" (vá mudando e faça perguntas que você sabe que são falsas também, para que possa testar a precisão.)

os movimentos podem demorar um instante para começar, ou podem simplesmente ser muito sutis, então preste muita atenção!

registre tudo o que acontece em seu diário mágico. não perca a esperança se seu pêndulo não parecer funcionar corretamente, ou se der respostas confusas ou contraditórias. às vezes você só tem que interagir um pouco mais com ele para que se alinhe à sua energia e intuição.

dando um passo além com o pêndulo

terminada a sua primeira sessão de pêndulo, você provavelmente está se perguntando "e agora, o que acontece?".

há muitas formas de usar seu pêndulo no dia a dia, mas eis aqui algumas que você pode querer tentar!

verificar o próprio instinto — às vezes nós temos puxadas intuitivas, mas não temos total confiança na forma como as interpretamos. quando estiver em dúvida, pegue seu pêndulo de confiança e pergunte a ele se está interpretando as coisas corretamente, certificando-se de dizer sua interpretação claramente. se ouvir uma resposta "não", faça perguntas de acompanhamento ao pêndulo até chegar ao cerne da questão.

leituras de tarô/oráculo — eu absolutamente amo usar meu pêndulo em minhas leituras de tarô e oráculo. ao interpretar cada carta, pergunto ao pêndulo se estou no caminho certo. se recebo um sim, eba!, mas, se recebo um não, sei que tenho que passar um pouco mais de tempo acessando minha intuição única, mesmo que signifique me afastar do significado normal da carta.

tomar decisões — dentro do razoável, é claro. você nunca deve se arriscar só porque o pêndulo mandou (nem cartas de tarô ou oráculo, diga-se de passagem). sempre use uma combinação de intuição e lógica por segurança. você pode começar usando seu pêndulo para ajudar com decisões pequenas ou sem consequências. por exemplo, eu às vezes pego meu pêndulo quando minha esposa e eu estamos tentando decidir o que jantar, porque nós duas somos pessoas muito indecisas. eu confiro opção por opção e pergunto: "a gente deveria jantar _____?" até chegar a um sim. funciona perfeitamente todas as vezes.

CONVITE PARA ESCREVER NO DIÁRIO MÁGICO: *pratique um pouco com seu pêndulo escolhendo uma tarde para levá-lo com você para todos os lugares. pegue o pêndulo sempre que tiver uma escolha do dia a dia para fazer — que caminho pegar, o que responder numa mensagem de texto, que foto/vídeo postar nas redes sociais. (você talvez tenha que ignorar uns olhares estranhos das pessoas, mas quem se importa?) volte ao final do dia e escreva sobre sua experiência.*

outros métodos de divinação

talvez você não consiga obter um baralho ou um pêndulo, ou talvez você simplesmente não vibre bem com eles. não se preocupe. eis aqui alguns métodos de divinação que são mais fáceis de conseguir, e um que não precisa de ferramenta nenhuma.

bibliomancia — divinação usando livros. escolha um livro, faça uma pergunta, feche os olhos e abra numa página aleatória. com os olhos ainda fechados, aponte para uma parte aleatória da página. abra os olhos. essa é sua resposta. às vezes não vai fazer sentido ou vai ser meio boba — não tem problema rir!

olhar nuvens — você não precisa de nada para esta a não ser sua pessoa e um céu cheio de nuvens. encontre um lugar para deitar no chão, fazer uma pergunta e ver que formas as nuvens assumem. o que esses símbolos significam para você e, mais importante, como podem responder à sua pergunta? deixe sua imaginação e intuição correrem livres!

***shuffle*-mancia** — guardei o melhor para o final, porque na minha opinião esse é o mais divertido! essa é uma divinação usando música. tudo o que você tem que fazer é preparar uma playlist, fazer uma pergunta e então apertar o botão de aleatório, o *shuffle*. veja qual canção toca e ouça a letra com cuidado. a resposta pode surpreender ou até mover você.

CONVITE PARA ESCREVER NO DIÁRIO MÁGICO: *tente ao menos dois desses métodos de divinação (ou todos os três, mas só se se sentir apto para a aventura) e escreva como foi. a seguir, pense em coisas que faz ou usa na vida diária — tem algum jeito de poder transformá-las em divinação? se sim, tente e relate suas descobertas!*

> mais métodos de divinação que você pode investigar conforme aumenta sua prática: numerologia, runas nórdicas (também chamadas de futhark antigo), ogham celta, teimancia (a leitura de folhas de chá), quiromancia (a leitura de palmas de mãos) e escriação (também conhecida como ler uma bola de cristal ou outras superfícies reflexivas).

ela vê um arco-íris

você vê uma promessa de bênçãos a caminho.

eles veem uma pena branca.

você, uma lembrança de manter a esperança.

ele vê uma cobra.

você, o potencial da autotransformação.

... é tudo uma questão de mudar a perspectiva.

jogo de intuição

a divinação não é a única coisa que pode ajudar você a se conectar com sua intuição. jogos de intuição como estes podem exercitar a precisão de seus palpites. além disso, são muito divertidos!

DO QUE VAI PRECISAR
papel de rascunho
um utensílio para escrever
um pote médio ou grande

INSTRUÇÕES

comece pegando seu papel e rasgando-o em dez pedaços semi-idênticos. nesses pedaços, desenhe qualquer símbolo que queira. algumas sugestões para colocar você em movimento são uma lua, uma estrela, um sol, uma flor e uma borboleta.

dobre esses pedaços de papel no meio e depois no meio de novo. jogue-os dentro do seu pote. tampe. agite, agite, agite.

a seguir, tire a tampa, então procure um pedaço de papel aleatório — mas não abra o papel imediatamente! primeiro, use sua intuição para tentar adivinhar qual símbolo está no papel, e então abra-o. é um jogo, afinal de contas, então anote quantas vezes acertar!

> preste atenção em suas sensações quando acertar — antes de abrir o papel e descobrir com certeza. é provável que essa seja a sensação de sua intuição quando ela estiver certa sobre alguma coisa na vida diária, que vai facilitar muito confiar em si nesses momentos.

#dificuldadesintuitivas

de verdade, esse é só o comecinho do trabalho com a intuição. a maior parte dessa informação não pode ser contida num livro, muito menos numa seção de um livro.

isso acontece porque sua intuição é sua e apenas sua; não vai ser como a de mais ninguém.

o único modo de você aprender mais sobre sua intuição é seguir prestando atenção nela e continuar a exercitá-la de todas as maneiras imagináveis, e não estou apenas falando de coisas como divinação ou jogos de intuição. em qualquer momento em que você não tiver certeza do que fazer — mesmo com dúvidas pequenas, aparentemente sem importância, do tipo de que cor você deveria pintar as unhas ou qual série quer maratonar na netflix —, feche os olhos e pergunte à sua intuição o que fazer.

sempre há um motivo para as coisas, mesmo que você não consiga ver ainda.

de certa forma, ouvir a sua intuição é muito fácil e natural, porque tudo que você está fazendo é se ouvir, e eis aí uma pessoa que você conhece bastante bem.

noto que é quando você começa a contar a outras pessoas de seus palpites que você pode começar a sentir um pouco de dúvida.

houve tantos momentos em que contei a pessoas sobre meus palpites — como conhecer alguém que imediatamente me passa vibrações ruins a ponto de dar arrepios até a espinha, mesmo que pareça gentil e gente boa na superfície —, só para ser imediatamente cortada como alguém que julga demais. mesmo quando, mais cedo ou mais tarde, meus sentimentos se confirmam, é normal que isso seja seguido com "ah, hum. que coincidência!".

mas não há coincidências quando se trata de intuição.

prometa para mim que nunca vai se diminuir só porque outras pessoas fazem isso. você não está fazendo drama nem se iludindo por sentir aquilo que outros não se permitem sentir. se precisar ouvir, então aqui está: eu acredito em você. mas não é isso o que importa. o que importa é que você acredite em você, independentemente dos comentários negativos.

ignore quem duvida de você.

seja seu melhor amigo nos altos e baixos, pessoa bruxa.

---

quer aprender mais sobre se conectar com sua intuição única? recomendo fortemente ir atrás de um de meus livros favoritos, *the secret psychic* [a vidente secreta, em tradução livre], de angela a. wix.

foda-se ser igual.

cada vez que me vir,
serei uma pessoa diferente
mas isso não quer dizer
que estou fingindo.

só estou deixando um tapete de boas-vindas
para cada versão de mim.

estou entretendo a beleza
do meu próprio ir e vir —
não importa quão permanente,
não importa quão temporário.

nunca me senti tão real na vida.

— *você devia tentar uma hora dessas.*

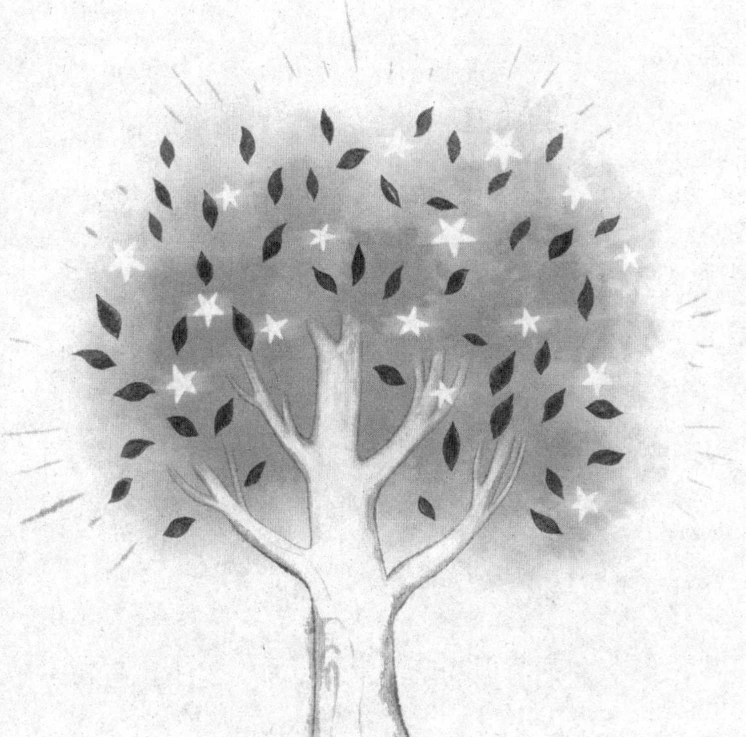

parte iii
seus ciclos

"ciclos?"

sim, ciclos!

por definição, ciclos são coisas que acontecem de novo e de novo e de novo com um começo e um fim definidos. existem tantos ciclos pelos quais você passa regularmente que você talvez nem esteja consciente deles.

seja o ciclo da semana, o ciclo da lua ou o ciclo das celebrações da roda do ano, cada um desses ciclos tem uma energia mágica que nos afeta e ao mundo ao nosso redor.

nesta seção, vou ensinar como você pode viver sua vida e incluir sua mágica seguindo alguns desses ciclos presentes em sua vida.

em minha opinião, acho que é sempre melhor trabalhar com essa energia que existe em vez de tentar trabalhar contra ela.

mas não se engane — você pode criar qualquer tipo de mágica que quiser fazer quando quiser fazer! você sabe minha opinião sobre regras na bruxaria: de forma geral, faça bruxaria como o coração (e o caldeirão) quiser. sua intuição bruxa sempre deve vir antes.

no entanto, percebo que certos atos mágicos são mais poderosos durante certos dias, ciclos da lua e celebrações sazonais.

ousaria dizer que a maioria das bruxas com experiência sabe também, mesmo que nem sempre concordemos com o que é mais poderoso ou quando. (essas são, como sempre, minhas próprias opiniões, baseadas em minhas experiências próprias como bruxa.)

quando se trata dessas questões, por que não tirar vantagem desses ciclos sempre que puder?

> você vai notar que nesta seção há uma combinação de **convites para escrever no diário mágico**, assim como **tiragens/leituras de cartas**. elas servem para ajudar a manter você no hábito de autorreflexão e trabalho com a sua intuição.

o ciclo semanal

vamos começar com o seu dia a dia.

· cada dia da semana está associado com um corpo celestial — a maioria dos planetas, assim como o sol e a lua —, que lhe dá uma energia geral que é favorável a certos feitiços e outros fazeres mágicos.

domingo (*o sol*) — esse dia comumente é associado com o descanso em nossa sociedade, mas na verdade é um ótimo dia para trabalhar aquilo que se conecta com seu poder e sucesso. tem muita energia feliz neste dia também, então pode se soltar e fazer o que trouxer um sorriso para o seu rosto. nutra sua criança interior.

segunda-feira (*a lua*) — normalmente reconhecido como o começo da semana de trabalho/escola e, portanto, o dia de sair para arrasar, falando em termos não mágicos; magicamente, é melhor ir com calma e acessar a intuição. meditação, divinação e trabalhos relacionados a sonhos têm uma performance melhor neste dia.

terça-feira (*marte*) — esse é um dia da semana muito mais intenso. existe uma energia "queimando" que ele traz, então faça trabalhos que requerem ou se ligam ao empoderamento, coragem e força. siga sua paixão e crie algo que você ama com confiança.

quarta-feira (*mercúrio*) — já tem muita energia estranha cercando esse dia porque está bem no meio. não fica no começo da semana, mas também não fica no fim da semana. expresse a sua mágica de formas novas.

quinta-feira (*júpiter*) — prosperidade e abundância são os temas desse dia, portanto, feitiços de dinheiro/carreira são altamente encorajados. talvez você queira tirar um tempo para reconhecer sua autoestima. lute pelas coisas que você sabe que merece e acredite que pode alcançá-las.

sexta-feira (*vênus*) — esse dia é totalmente voltado para o amor--próprio, então tome um cuidado especial a mais com você e faça feitiços não estressantes que honrem você. também é um dia para a beleza e a amizade, então por que não se arrumar e passar algum tempo com as pessoas com as quais você mais se importa?

sábado (*saturno*) — o primeiro dia do final de semana é tipicamente considerado um momento de diversão e até mesmo um pouco de festa. magicamente, é um dia que serve melhor para apertar o cinto e botar a mão na massa. estabeleça limites — mágicos ou não — e faça um pouco de trabalho com a sombra.

CONVITE PARA ESCREVER NO DIÁRIO MÁGICO: *em geral, qual dia da semana é seu favorito e por quê? assim que escrever sua resposta, procure esse dia na lista anterior. alguma coisa te surpreende quando você compara seus motivos com o significado mágico desse dia?*

> conforme alinha sua mágica com os dias da semana, vai descobrir o que funciona para você. se sua intenção te diz para lançar um feitiço de prosperidade numa terça-feira à tarde, mesmo que as quintas-feiras sejam consideradas melhores para isso, vá em frente e lance seu feitiço de qualquer forma. talvez tenha algo na energia de terça-feira que funciona melhor para você.

você pode não estar inspirado a
lançar um feitiço a cada dia
& esta é sua permissão para não o fazer.

lembre-se:
você. é. a. mágica.

portanto, você infunde
cada mínima coisa
que seus dedos tocam
com poeira estelar.

— *não é incrível?*

domingo
alimentando sua criança interior

todo mundo tem uma criança interior: uma versão sua que só quer brincar, rir e fazer bolinhos de lama no jardim — isso sempre foi divertido, não foi?

infelizmente, quando viramos adultos, esse lado se torna menos e menos aceito pela sociedade. se nós fizermos as coisas que fazíamos livremente na época em que éramos crianças, seremos chamados de imaturos ou infantis. com frequência, começamos a acreditar que só deveríamos nos envolver com coisas sérias, como trabalho, consultas com médicos e impostos, então suprimimos nossa criança interior para nutrir totalmente esse lado nosso.

é importante que você tente se libertar dessas restrições — não apenas no domingo, cuja energia alegre fala com sua criança interior, mas todos os dias.

porque eu fui criada num lar instável, tive que crescer muito rápido — mais rápido do que eu deveria ter sido obrigada. sinto que não pude desfrutar totalmente das coisas que crianças deveriam, porque estava ocupada demais tentando lidar com coisas grandes e difíceis que eu mal entendia.

para mim, parte de nutrir minha criança interior significa me permitir fazer as coisas que perdi, como ler livros infantis que me lembram da mágica do mundo ou brincar com jogos que afirmem que tudo bem se divertir.

mas é muito maior do que isso. frequentemente, meus sentimentos eram ignorados quando criança, então percebo que tenho dificuldade para ser vulnerável com outras pessoas agora que sou adulta. a ideia de chorar na frente de alguém — mesmo alguém em que confie — quase me causa dor física. o tempo todo, para nutrir minha criança interior, tenho que cuidar, parar e me lembrar de que meus sentimentos são válidos e de que nada ruim vai me acontecer por mostrá-los.

existem tantas formas de nutrir sua criança interior, dependendo do que você experimentou. comece dando à sua versão adulta o amor que sua versão infantil nunca recebeu.

CONVITE PARA ESCREVER NO DIÁRIO MÁGICO: *que coisas você amava fazer quando era criança? por que não faz essas coisas hoje em dia? é por que você genuinamente amadureceu ou você acha que não deveria fazê-las mais?*

✷ TIRAGEM DE CARTA ✷

> tem alguma coisa que posso fazer para nutrir minha criança interior neste exato momento?

domingo
feitiço para o sucesso

quer uma maneira melhor de começar sua semana do que com um feitiço fácil, tranquilo, que te prepara para o sucesso?

DO QUE VAI PRECISAR
um pedaço de papel de rascunho
um utensílio para escrever
o sol

INSTRUÇÕES

num pedaço de papel de rascunho, escreva uma coisa que quer conquistar esta semana, lembrando-se de usar palavras afirmativas: "esta semana, sou um sucesso gigante em _____".

pode ser um objetivo específico que você tenha — por exemplo, começar ou terminar um projeto criativo — ou alguma coisa simples, como "encontrar a alegria nas coisas pequenas".

em seguida, deixe esse pedaço de papel de rascunho na beirada de uma janela que o sol alcance ou em algum lugar do lado de fora sob a luz direta do sol. lembre-se de repetir sua afirmação ao pousá-lo, seguida por: "que assim seja".

é basicamente isso!

fique à vontade para deixar o papel ali até o sol se pôr.

veja bem, o sol — que o dia da semana homenageia — já é conhecido por energizar coisas, e também pode certamente energizar seus objetivos.

se está nublado do lado de fora, sem problemas. o sol é poderoso demais para estar totalmente escondido; sempre está em algum lugar logo atrás das nuvens. seu feitiço ainda vai funcionar bem. outra opção é colocar sua afirmação embaixo da carta de tarô do sol ou de um cristal de quartzo citrino (associado com a energia solar), e isso funcionaria tão bem quanto. é tudo uma questão de simbolismo, bruxa.

✷ TIRAGEM DE CARTAS ✷

CARTA 1	CARTA 2	CARTA 3
qual é minha ideia de sucesso?	que tipo de sucesso é realista para mim esta semana?	que caminho posso tomar para chegar lá?

segunda-feira
praticando meditação

em minha opinião não especialista, a meditação é uma das coisas mais importantes que você pode fazer para o seu bem-estar geral, já que tem o poder de diminuir o estresse, equilibrar humores e promover um sono pacífico. (já que eu sempre tive dificuldade para dormir, foi algo que mudou minha vida.)

muitos de nós também descobrimos que olhar para dentro e encontrar a imobilidade pode ajudar a discernir a voz de sua intuição também.

simplesmente são benefícios demais para não fazer.

se nunca meditou antes, você pode pensar que é questão de se sentar, fechar os olhos e limpar a mente de pensamentos — não surpreende que pareça chato e até mesmo impossível para a maioria das pessoas. isso é um tipo de meditação, mas está longe de ser o único.

qualquer coisa que te traga à consciência do presente pode ser meditação; por esse motivo, também é uma excelente técnica de aterramento.

eu faço uma meditação de três ou cinco minutos todas as manhãs. é só isso que você precisa de fato — só alguns minutos de sobra. você nem tem que meditar todo santo dia se não quiser. adicione à sua rotina de segunda-feira a princípio e veja o que isso traz à sua vida, assim como à sua jornada mágica.

uma meditação típica seria ir a um lugar silencioso, se sentar confortavelmente, programar um alarme para a quantidade de tempo desejada e fechar os olhos (ou ao menos suavizar o olhar) até o alarme disparar. durante sua meditação, tente não gastar energia demais lutando contra seus pensamentos — simplesmente aceite que eles vão vir e dê-lhes o mínimo de atenção possível (alguns dias serão mais fáceis que outros). deixe-os ir e apenas exista por alguns minutos.

se isso não funcionar para você, no entanto, existem incontáveis outras formas de meditar:

faça uma caminhada — por mais que seja doloroso, caminhe sem fones de ouvido. concentre-se nos sons da natureza, das pessoas e da vida. deixe todos os julgamentos para lá. simplesmente esteja em atenção. preste atenção no que nota. (isso pode ser difícil de conseguir nos primeiros poucos minutos; simplesmente faça o seu melhor.)

olhe para uma carta de tarô/oráculo — escolha sua carta favorita e mostre-a no nível dos olhos. mire-a e tente não se fixar demais em um único detalhe ao considerar seu significado. você pode colocar uma música instrumental suave no fundo para ajudar a relaxar.

trabalhe com água — a segunda-feira está associada com a lua, que está associada com a água porque ela puxa todas as marés. pode ser muito calmante meditar com isso. encontre um corpo de água, como um lago, um rio ou um oceano, e concentre sua atenção. gotas de chuva também funcionam. se nada disso for factível, você pode encher algo como uma banheira, tigela ou xícara. se nada mais funcionar, ache um vídeo com água no youtube!

✳ ✳ TIRAGEM DE CARTAS ✳ ✳

CARTA 1	CARTA 2
como vou me beneficiar da meditação?	qual é a melhor forma de meditação para mim?

segunda-feira
saquinho de feitiços para sonhos serenos

minha esposa nem sempre acreditou muito em mágica, mas, mesmo antes de acreditar, ela notava que descansava melhor quando eu preparava um desses para ela. (destaco que isso não substitui o cuidado médico quando se trata de questões sérias.) é também ótimo se quiser aumentar as mensagens intuitivas que você recebe nos sonhos.

DO QUE VAI PRECISAR

um saquinho que feche com barbante
botões de lavanda secos
pétalas de rosa / botões de rosa (para o descanso da beleza... entendeu?)
lascas de ametista

INSTRUÇÕES

saquinhos de feitiços são meus favoritos porque são como um cozido lento — simplesmente enfie os ingredientes do feitiço no saco e deixe a mágica trabalhar!

ao acrescentar cada ingrediente ao seu saquinho, lembre-se de dizer uma afirmação positiva, como "eu durmo profundamente a cada noite. minha intuição me fala alto e claro em meus sonhos. sempre acordo com uma sensação de descanso". você entendeu o tom. molde a mensagem para o que precisar.

quando terminar, diga "que assim seja", e então coloque-o sob seu travesseiro ou dentro da fronha. (recomendo fortemente esta última opção para o caso de o saco abrir enquanto você dorme, o que chegou a acontecer comigo bem na semana em que estava escrevendo este capítulo. não preciso dizer que ter enfiado na fronha me salvou de uma bagunça imensa!)

certifique-se de limpar seu saquinho de feitiço toda segunda-feira para manter sua energia fresca. se eu esqueço de fazer isso, já percebo que meu sono fica mais inquieto, ou tenho um aumento dos pesadelos.

CONVITE PARA ESCREVER NO DIÁRIO MÁGICO: *sempre que tiver um sonho, crie o hábito de anotá-lo. mesmo os sonhos mais bobos e sem sentido podem ter uma mensagem intuitiva por trás capaz de ser útil para sua vida acordada. o que aconteceu do começo ao fim? havia alguma outra pessoa em seu sonho, e ela disse alguma coisa? que simbolismo você notou, se é que notou algum, e o que significa para você?*

✶ TIRAGEM DE CARTAS ✶

CARTA 1	CARTA 2	CARTA 3
uma carta para representar o tema do sonho da última noite.	que lição ou mensagem posso tirar desse sonho?	como posso aplicar essa lição/mensagem à minha vida?

terça-feira
reacendendo sua paixão

com as longas horas exaustivas no trabalho ou na escola, o tempo com família e amigos e (talvez) o arranjar de trabalhos eventuais para sobrevivência básica neste panorama infernal capitalista, quem tem tempo ou energia para encontrar algo pelo que se apaixonar?

poucas pessoas.

a ideia de se esforçar para conseguir tempo para si mesmo pode parecer não apenas impossível ou pouco prática, como pode até lhe causar um sentimento de culpa. eu também tive pensamentos do tipo "mas eu poderia estar dando meu tempo para outra pessoa!" e "eu poderia estar fazendo alguma coisa produtiva no lugar disso".

desculpe, mas foda-se ser produtivo.

a maioria de nós é produtiva o dia inteiro.

tire um tempo para encontrar algo pelo qual você se apaixone e faça isso, mesmo que seja só cerca de uma hora a cada terça-feira, porque a vida é muito mais do que trabalhar e ganhar dinheiro. isso não quer dizer que essas coisas não são necessárias (qualquer pessoa que diga o contrário provavelmente é muitíssimo privilegiada e precisa de um choque de realidade gigante), mas você merece ter tanto mais.

nesse meio-tempo, peço que considere não transformar todas as suas paixões num trabalho eventual ou numa carreira.

quando eu era menina, passei muito tempo jogando no computador como um escape muito necessário de minha realidade dolorosa. apesar de haver me curado muito, ainda jogo no computador hoje; esses jogos me dão muito conforto.

algumas pessoas já me perguntaram por que não me transformo numa streamer de jogos. a verdade é que quero que jogos sejam a única coisa que permanece sagrada para mim, a coisa que faço que é apenas para meu desfrute e de ninguém mais. não quero que se torne um estressor ou uma obrigação. eu mereço essa coisa, e você também. sua paixão é parte de sua mágica, mesmo que não compartilhe com mais ninguém. é mágica pelo simples motivo de que ilumina você — nenhum outro.

CONVITE PARA ESCREVER NO DIÁRIO MÁGICO: *qual a sua paixão? se você não tem certeza, o que você acha que poderia ser? talvez seja algo de que você sempre gostou, mas não teve chance de explorar, algo que mencionei em algum lugar neste livro, tipo tarô ou cristais, ou algo interessante que alguém mencionou para você de passagem. vá atrás de saciar essa curiosidade.*

✶ TIRAGEM DE CARTAS ✶

CARTA 1	CARTA 2
como é quando sigo minha paixão?	como é quando não sigo minha paixão?

terça-feira
feitiço para iniciar mudanças

moro num país em que, enquanto escrevo, direitos a cuidados reprodutivos estão sendo arrancados, armas têm mais direitos que vidas humanas e livros escritos por e/ou sobre pessoas marginalizadas estão sendo banidos. isso é inaceitável.

DO QUE VAI PRECISAR

seu diário mágico
um utensílio para escrever
seu telefone
canela em pó
uma vela laranja num suporte
um isqueiro ou fósforos

INSTRUÇÕES

em primeiro lugar, você tem que escolher um tema político ou social pelo qual seja apaixonado, como um dos que listei acima. (você pode querer escolher algo que está fresco e relevante no exato momento em que estiver lendo isto.) que mudança você gostaria de ver?

tire uma página de seu diário mágico e escreva no topo, seguido de uma afirmação: "eu sou capaz de ajudar a fazer essa mudança ocorrer. coloquei todo o trabalho necessário. não desisto até ver justiça".

a seguir, você vai escrever seu plano de jogo — uma lista de coisas que você pode fazer pessoalmente para promover essa mudança.

isso pode significar votar, protestar, participar de abaixo-assinados, fazer doações ou alguma outra coisa completamente diferente. nada — desde que seja algo — é pequeno demais para fazer a diferença. dependendo da questão, você talvez tenha que fazer alguma pesquisa para ver que curso de ação seria melhor, o que também pode fazer parte do trabalho.

em primeiro lugar, tire uma foto de sua lista para ter uma versão limpa para voltar mais tarde. agora polvilhe um pouquinho de canela no papel para se dar a energia necessária para seguir com esse plano. dobre o papel no meio duas vezes (guardando a canela dentro) e coloque sua vela laranja em cima. ao acendê-la, não esqueça de dizer "que assim seja".

✸ ✵ TIRAGEM DE CARTA ✵ ✸

> que ação posso realizar agora mesmo pelo bem de tudo?

quarta-feira
usando sua voz

se você já leu minhas poesias, sabe com que frequência escrevo sobre as coisas dolorosas pelas quais passei: abuso infantil, transtorno alimentar, relacionamentos tóxicos e além.

tem gente que acha que eu faço parecer fácil escrever sobre essas coisas, sem esforço.

mas foi tudo menos fácil ou sem esforço.

quando autopubliquei minha primeira coleção de poesia, *a princesa salva a si mesma neste livro*, inicialmente o mantive em segredo de todas as pessoas em minha vida. (bem, quase todo mundo, com exceção da minha atual esposa e de alguns dos amigos mais próximos, que estiveram comigo a cada passo da jornada.)

princesa foi a história da minha vida até aquele ponto, e compartilhei muitas das verdades anteriormente ditas nestas páginas, em especial quando se tratou dos maus-tratos que eu tinha aguentado nas mãos de minha falecida mãe.

eu tinha medo de que, se meus entes queridos descobrissem sobre meu livro e o lessem, eles invalidassem meu trauma ou até mesmo ficassem bravos comigo. na pior das hipóteses, eu imaginava que me abandonariam.

acabei decidindo que não queria mais manter meu livro em segredo. eu estava muito orgulhosa dele, e queria compartilhá-lo com todo mundo na minha vida. para minha surpresa, a maioria dos meus entes queridos me apoiou; no entanto, ficou claro para mim que algumas pessoas não. tantos dos meus medos se realizaram, e foi difícil lidar com eles por um tempo.

apesar disso, se tivesse a oportunidade de fazer tudo de novo, eu não mudaria nada. passei tempo demais da vida sofrendo em silêncio para manter a paz. falar por mim me ajudou a me curar, e, pelo que outros me contam, ajudou esses outros a se curarem também.

quarta-feira é o dia da comunicação. reconhecer sua mágica é reconhecer o poder de suas palavras, então, quando alguém te fere, comunique isso. quando alguém interrompe você, siga falando até dizer tudo o que precisa dizer. e o mais importante, conte sua história com honestidade e inspire outros a fazerem o mesmo.

se precisar de alguma assistência, acenda uma vela azul, carregue uma água-marinha ou exiba a carta de tarô da rainha de espadas no seu altar.

CONVITE PARA ESCREVER NO DIÁRIO MÁGICO: *que verdade você tem guardada dentro de si? por quê? o que de pior pode acontecer se você falar em voz alta? e o que de melhor?*

✶ TIRAGEM DE CARTAS ✶

CARTA 1	CARTA 2	CARTA 3
minha versão filtrada.	minha versão sem filtro.	como equilibro essas versões?

quarta-feira
feitiço para empurrar você para fora da zona de conforto

as pessoas frequentemente têm medo de mudar as coisas e fazer algo um pouco diferente, mesmo quando querem. isso acontece porque pode significar se arriscar, tipo parecer bobo ou se envergonhar. mas, se você não tentar fazer, como vai chegar a saber? mesmo que não funcione da forma que deseja, ao menos você vai entender se é ou não para você. vá em frente e lance esse feitiço para ajudar a empurrar você para fora da zona de conforto!

DO QUE VAI PRECISAR
seu diário mágico
papel de rascunho
um utensílio para escrever
uma tigela pequena ou média
uma pedra da lua arco-íris

INSTRUÇÕES

CONVITE PARA ESCREVER NO DIÁRIO MÁGICO: *escreva uma lista de cinco a dez coisas que você pode fazer para sair da zona de conforto. pense em atividades que quer fazer, mas está enrolando por medo. talvez seja algo pequeno e sutil, como "usar meu cabelo de um jeito novo", ou grande e assustador, como "chamar alguém para tomar um café" (platônica ou romanticamente).*

faça o exercício do diário mágico. depois prepare quantas folhas de papel de rascunho precisar. escreva cada item da sua lista, cada um em uma folha. quando terminar, dobre cada folha no meio duas vezes.

a seguir, pegue todos os papéis dobrados e deposite-os na tigela. crie um espaço vazio no meio da tigela e coloque a pedra da lua arco-íris ali.

pegue um papel da tigela. comprometa-se a fazer o que quer que diga para fazer, transformando-o numa afirmação: "hoje, dou as boas-vindas à nova experiência de _____ e tudo que ela tem para me ensinar. que assim seja." carregue o cristal com você para que ele possa apoiá-lo energeticamente. limpe-o e devolva-o à tigela quando terminar. retire um pedaço de papel novo a cada quarta-feira. quanto mais riscos assumir, mais fácil vai ser!

✶ TIRAGEM DE CARTAS ✶

CARTA 1	CARTA 2	CARTA 3
uma carta para descrever minha zona de conforto.	o que estou perdendo no momento ao ficar dentro dela?	como me libertar.

quinta-feira
saber seu valor

além do abuso e da negligência que aguentei quando criança em casa, muitas das pessoas ao meu redor — como meus colegas e até mesmo algumas figuras de autoridade — deixaram claro que meus pensamentos, sentimentos e bem-estar não tinham nenhuma importância. no fim, comecei a acreditar que eu não era importante de jeito nenhum, o que terminou se manifestando como:

- eu me cercando de pessoas que não me valorizavam como eu as valorizava (nem de longe).

- ter medo de participar de conversas porque eu achava que as pessoas não se importavam com minhas opiniões ou perspectivas.

- ficar com pessoas que constantemente me botavam para baixo e me deixavam em segundo plano.

- não dizer nada quando não recebia aquilo de que precisava, porque eu não queria ser inconveniente.

- me sentir desconfortável e até mesmo envergonhada quando alguém me dava um presente, ou sempre que o holofote recaía sobre mim.

são todas coisas com as quais tenho dificuldade. a diferença é que agora tenho a consciência de reconhecer esses problemas e me esforçar para curá-los.

sei que não sou a única pessoa que tem dificuldades com a autoestima — talvez você também tenha. se é o caso, então este é o seu lembrete de que só porque outras pessoas fracassaram em ver sua importância não quer dizer que você não é importante.

você é importante, então comece a agir de acordo, pessoa bruxa.

não importa quem você possa ser, e não importa o que possa ter acontecido com você no passado, você merece muitíssimo ter e experimentar coisas maravilhosas. preste muita atenção nisso às quintas-feiras, e não ouse se acomodar com menos do que você sabe que merece — não de outros, e certamente não de si mesmo.

CONVITE PARA ESCREVER NO DIÁRIO MÁGICO: *escreva um momento em que alguém não viu seu valor. essa experiência afetou você a longo prazo? como? agora descreva um momento em que você não viu seu próprio valor e como isso continua a impactar você. essas duas situações se conectam de alguma forma?*

TIRAGEM DE CARTAS

CARTA 1	CARTA 2
o que acho que mereço.	o que eu realmente mereço.

quinta-feira

pote de feitiços para a prosperidade

algumas pessoas bruxas não acreditam em fazer feitiços para dinheiro ou ganho material, mas eu discordo. na minha opinião, não há vergonha em usar sua mágica para garantir que você tem tudo de que precisa de todas as formas. você precisa de dinheiro para sobreviver, afinal de contas. esse pote de feitiços é para ajudar você a atrair mais prosperidade em sua vida.

DO QUE VAI PRECISAR

um vidro médio com tampa
folhas secas de menta
flores secas de camomila
um cristal de quartzo citrino
três moedas de sua escolha

INSTRUÇÕES

preencha o vidro com suas folhas secas de menta e flores secas de camomila, certificando-se de deixar bastante espaço vazio na parte de cima — esta vai ser a base do seu jarro de feitiços, digamos assim.

a seguir, organize seu cristal de quartzo citrino e três moedas no topo de sua base de ervas. quando estiver contente com a aparência, coloque a tampa no pote.

segure o pote nas mãos e diga esta afirmação: "a prosperidade está aumentando e florescendo em minha vida. eu sou abundante em todas as coisas incríveis. eu mereço todas as bênçãos sendo lançadas sobre mim. que assim seja".

mantenha o vidro de feitiços no seu altar pelo tempo que quiser. eu gosto de ter um ali permanentemente, renovando as ervas a cada poucas semanas ou meses, normalmente numa quinta-feira.

é importante saber que seu pote de feitiços sozinho não vai conseguir dinheiro para você. você vai precisar se colocar para valer em situações que aumentem suas chances de recebê-lo, então candidate-se a empregos, tente uma promoção e peça doações — coisas desse tipo. conforme fizer isso, talvez note que você atrai mais. fique de olho, porque você pode receber de formas inesperadas — incluindo prosperidade em formas além de dinheiro.

* * **TIRAGEM DE CARTA** * *

> que ações posso realizar para invocar mais prosperidade para minha vida?

sexta-feira
sendo um amigo melhor para si

sexta-feira é um dia dedicado em parte à amizade.

confissão: nunca tive muitos amigos.

fui uma criança dolorosamente tímida e uma adolescente muito socialmente esquisita e deprimida, então foi difícil fazer amigos, e muito mais mantê-los.

ainda tenho visões de mim mesma sentada sozinha numa longa mesa vazia no refeitório por anos e anos. (o que eu não daria para voltar no tempo e dar um abraço apertado naquela criança...)

acabei ficando tão desesperada por amigos que me agarrei aos que eu chegava a ter por todo o tempo que pude. eu fazia isso ainda que me tratassem mal, porque eu sabia que terminaria totalmente sozinha sem eles.

só de pensar nisso eu me apavorava.

quer dizer, e se eu nunca mais fizesse um amigo?

então eu deixava as pessoas me tratarem mal e ficava me agarrando a pessoas que pioravam minha vida em vez de melhorá-la, mesmo na idade adulta.

às vezes ficamos tão ocupados tentando ser bons amigos para outras pessoas que nos esquecemos de que precisamos ser bons amigos para nós mesmos também.

parte de ser um bom amigo para si mesmo é deixar ir embora as pessoas que não são boas para você, não mais, e confiar que pessoas melhores vão aparecer.

vou admitir que ainda tenho alguma dificuldade em fazer isso, em especial se a pessoa esteve na minha vida por muito tempo. parece que estou cuspindo na cara de nossas lembranças felizes. eu me esqueço totalmente do fato de que posso ficar com essas lembranças felizes antigas enquanto me viro para formar novas em outro lugar.

soltar pessoas não quer dizer que você tem que cortá-las e fechá-las (apesar de que isso pode ser necessário às vezes). às vezes, significa simplesmente criar um pouco de distância — amar essas pessoas de longe, não importa quão difícil seja, para que você possa finalmente focar em si, em se amar mais.

✶ ✶ TIRAGEM DE CARTAS ✶ ✶

CARTA 1	CARTA 2	CARTA 3
como é minha amizade comigo mesmo no momento?	como seria minha amizade comigo mesmo se ela fosse mais saudável?	um pequeno passo que posso dar nessa direção.

sexta-feira
feitiço para amor-próprio mágico

atos de amor-próprio curam o coração. atos mágicos de amor-próprio levam isso a outro patamar.

DO QUE VAI PRECISAR

sal rosa do himalaia
uma tigela pequena
um cristal de quartzo rosa
um cristal de ametista rosa
uma máscara facial com água de rosas (opcional)
seu diário mágico
um utensílio para escrever

INSTRUÇÕES

vamos por partes: polvilhe sal rosa do himalaia numa tigela pequena para limpá-la gentilmente de qualquer energia que não esteja alinhada com o amor-próprio e coloque-a em seu altar.

agora, para invocar energia alinhada com amor-próprio, coloque um cristal de quartzo rosa junto à tigela de um lado e um cristal de ametista rosa do outro. (você pode apenas usar dois cristais de quartzo rosa ou um cristal de quartzo rosa + uma ametista roxa se não tiver ametista rosa, que é um pouco mais difícil de conseguir.)

se tiver uma máscara facial com água de rosas, aplique-a conforme as instruções de uso. lembre-se de tirar quando passar o tempo recomendado na embalagem.

a seguir, pegue seu diário mágico e siga este convite para escrever.

CONVITE PARA ESCREVER NO DIÁRIO MÁGICO: *liste ao menos três coisas que você ama em si, mas, se sentir que pode escrever mais, definitivamente continue. isso pode incluir sua aparência física, mas não pare por aí. tem muito mais em você, como sua personalidade, conquistas e habilidades. talvez você ame seus olhos castanhos, sua empatia, ou a forma como você nunca desiste perante a adversidade.*

se estiver com dificuldade para pensar em coisas para adicionar à lista, tente a tiragem de cartas a seguir.

✷ ✶ TIRAGEM DE CARTAS ✶ ✷

CARTA 1	CARTA 2	CARTA 3
um motivo para me amar.	um segundo motivo.	um terceiro motivo.

quando terminar sua lista, quero que coloque a mão amorosamente sobre o coração enquanto lê a lista em voz alta, terminando com, como sempre, "que assim seja". desafio: tente listar novas coisas que ama em você durante cada seção de amor-próprio mágica de sexta-feira!

sábado
trabalhando com a sombra

trabalho com a sombra é uma expressão que você vai ver muito em espaços de bruxaria... mas o que esse termo quer dizer de fato?

para mim, tem a ver com olhar para dentro e encarar as coisas que mantenho escondidas em minhas sombras — lembranças dolorosas, erros antigos, verdades que me trazem sentimentos de vergonha. essas coisas podem ser mais fáceis de ignorar do que de lidar, então eu as escondo não apenas dos outros, mas de mim mesma.

o trabalho com a sombra é um exercício de trazer essas coisas à luz para que eu possa lidar com elas e/ou integrá-las em minha versão "do dia a dia".

eu disseco lembranças dolorosas para ver como estou permitindo que impactem negativamente todas as áreas da minha vida.

assumo meus erros e valorizo o fato de que me ajudaram a me tornar a pessoa que sou hoje.

encaro a verdade de quem sou, mesmo que nem sempre seja bonita, mesmo que me faça ser menos "perfeita" para mim mesma e/ou outras pessoas.

mas esse é só o começo — para botar de fato em prática o trabalho com a sombra, eu crio um espaço seguro e protegido para mim mesma, escolho um tema e anoto cada pensamento no diário. gosto de pensar que estou escrevendo o caminho até a aceitação e cura.

eis como eu faço:

CONVITE PARA ESCREVER NO DIÁRIO MÁGICO: *tente escrever livremente para fazer seu trabalho com a sombra de sábado. que sombras têm seguido você? pegue sua caneta e bote seus pensamentos na página por dez a quinze minutos (coloque um alarme) — você se surpreenderia com o quanto tem para dizer!*

você também pode usar suas cartas de tarô/oráculo como guia ao longo de seu trabalho com a sombra.

✷ ✶ TIRAGEM DE CARTAS ✶ ✷

CARTA 1	CARTA 2	CARTA 3
algo sobre mim que escondo por medo de vergonha.	por que escondo.	o que de bom viria se aceitasse essa parte minha?

fazer essas perguntas para si mesmo pode trazer algumas emoções difíceis. caso sinta uma sobrecarga, por favor não hesite em chamar um amigo de confiança ou membro da família ou busque ajuda profissional de qualquer forma que esteja disponível para você.

sábado
feitiço para fortalecer seus limites

não sei você, mas eu gasto muito da minha energia com os outros; topo conversas, atividades e favores para os quais não tenho tempo. pode acontecer com amigos, familiares, conhecidos, chefes, colegas — com *qualquer um*. às vezes, só queremos garantir que as pessoas que fazem parte da nossa vida estejam felizes e bem-cuidadas, mesmo que isso nos drene ou nos torne infelizes. isso nunca é bom. esse feitiço pode ajudar você a reforçar seus limites antes da próxima semana.

DO QUE VAI PRECISAR
4 velas pretas num suporte
um isqueiro ou fósforo

INSTRUÇÕES

sente-se no chão, na frente de seu altar, e coloque as quatro velas pretas na área ao redor de seu corpo: uma na sua frente, uma à esquerda, outra à direita e uma atrás de você. (isso efetivamente cria uma barreira protetora ao seu redor. trate de deixar bastante espaço para si, para o caso de querer deitar e ficar um tempo ali.)

ao acender cada vela, repita estas afirmações:

- "não estou mais disposto a dar mais de mim do que quero ou posso."
- "só digo sim às coisas que quero fazer."
- "eu me permito dizer não às coisas que não me empolgam, sem sentir culpa."
- "esses limites são inegociáveis, e não vou recuar antes de ter certeza de que são respeitados por mim e pelas outras pessoas."

fique neste espaço e contemple seus limites conforme as velas queimam. quando elas queimarem até o final ou você estiver pronto para terminar, diga: "que assim seja". você pode querer fazer esse feitiço todos os sábados para ajudar você a se recuperar de uma semana longa depois de doar sua energia. se você apagou suas velas antes de terminarem de queimar completamente, sinta-se livre para usá-las na próxima semana.

✴ TIRAGEM DE CARTAS ✴

CARTA 1	CARTA 2	CARTA 3
no momento, onde me faltam limites?	como isso pode me ferir?	o empurrão de que preciso para definir meus limites.

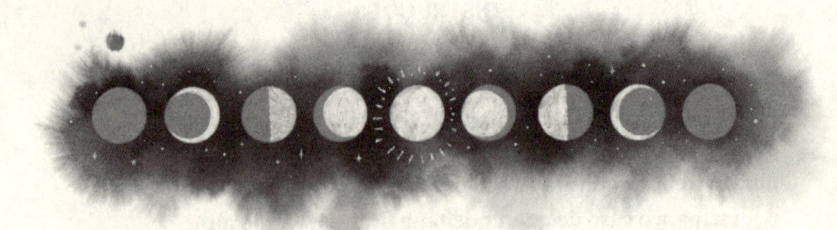

o ciclo da lua

o ciclo da lua dura aproximadamente trinta dias do começo ao fim. durante esse tempo, você pode notar que a energia mágica ao seu redor e dentro de você flutua e muda também. (afinal de contas, a lua controla as marés e nós aprendemos nas aulas de ciências que seres humanos são majoritariamente feitos de água, então faz total sentido que ela nos afete tanto.)

por mais que tecnicamente haja oito fases da lua no total, porque as fases crescentes e minguantes estão divididas em diversos estágios menores, nós vamos nos ater às quatro fases principais para manter as coisas tranquilas e simples por enquanto. (por que complicar essa merda mais do que precisamos?)

dê uma olhada nas datas das fases nos próximos dias. marque-as no calendário e tente fazer mágica com a lua, começando com a lua nova e atravessando a minguante, se possível. veja o que funciona para você e o que não.

lua nova — esta é a primeira fase do ciclo da lua. quando a lua fica totalmente escura, ela traz a energia de uma página nova e novos começos em todas as áreas de sua vida. feitiços e rituais de manifestação são feitos muito comumente durante esta fase.

lua crescente — depois de manifestar durante a lua nova, é hora de botar a mão na massa com nossa amiga crescente. conforme a lua cresce em tamanho, prepare-se para se ocupar e tomar atitudes na direção de seus objetivos para que eles possam desabrochar durante a lua cheia.

lua cheia — celebre suas conquistas! lua cheia = poder total, então faça qualquer feitiço que quiser. este também é um excelente momento para feitiços de libertação; quando a lua completa seu ciclo, muitas outras coisas na sua vida fazem o mesmo movimento, então diga adeus a qualquer coisa de que não precise mais.

lua minguante — conforme a lua diminui de tamanho — ou começa a desaparecer —, você deveria minguar também. não estou dizendo que você deveria desaparecer literalmente (você não deveria), mas você pode querer respirar um pouco depois de tanto trabalho e celebrações que fez durante as fases crescente e cheia. reflita e mostre gratidão pela jornada que acabou de atravessar antes que um novo ciclo comece.

CONVITE PARA ESCREVER NO DIÁRIO MÁGICO: *hoje à noite, saia de casa ou vá até uma janela e encare a lua. observe silenciosamente a fase, assim como o que está sentindo, não apenas no nível físico, mas também no emocional. você acha que isso poderia se correlacionar à fase da lua? por que ou por que não?*

> quando está brilhando
> ela é o único tema das conversas.
>
> quando se recolhe às sombras,
> ela ainda é o único tema das conversas.
>
> — *quero ser mais como a lua.*

lua nova
começando de novo

nunca é tarde demais para começar de novo.

você não tem que permanecer no emprego que odeia ou seguir estudando para ter um diploma que não desperta mais paixão em você.

você não tem que manter relacionamentos que não fazem mais sentido para você.

você não tem que continuar lendo os mesmos tipos de livros, ouvindo os mesmos tipos de músicas, ou comendo os mesmos tipos de comidas.

você não tem que aderir às mesmas crenças ou valores que sempre teve.

você não tem que acordar e fazer todas as coisas que não fazem mais você ser a versão mais feliz de si mesmo.

podemos acabar presos em nossos hábitos quando nos acostumamos com fazer e ser certas coisas, mas a verdade é que você não tem que ser a mesma pessoa que foi ontem. você pode simplesmente decidir ser diferente um dia — seguir uma rotina nova, ter novos objetivos, ir numa direção inesperada.

e você não precisa da permissão de ninguém para fazer isso exceto a sua.

isso não quer dizer que começar de novo vai ser fácil. de muitas maneiras, não vai ser. houve momentos em que decidi executar mudanças imensas para fazer minha vida mais autenticamente minha, só para encontrar reações negativas das pessoas ao meu redor.

por exemplo, quando decidi me chamar de bruxa, terminei perdendo um amigo ou dois que claramente reprovavam (apesar de nunca admitirem).

as pessoas não gostam de mudanças, mas elas não gostam especialmente quando as pessoas perto delas começam a mudar. talvez seja porque elas sentem que estão sendo julgadas por suas escolhas pessoais (mesmo que não estejam) ou talvez porque não estão crescendo tanto quanto gostariam e não gostam de ser lembradas disso.

a lua nova te dá uma página em branco emocionante para trabalhar, então tire o máximo proveito disso e ignore qualquer pessoa que queira menos para você.

talvez você deva tirar esse tempo para se conectar com pessoas que estão mais alinhadas com quem você é agora e com quem você quer se tornar.

✶ ✳ TIRAGEM DE CARTA ✳ ✶

> que novo começo me aguarda neste ciclo da lua?

lua nova
manifestação

manifestar é acender a magia de seus desenhos, fazê-los uma realidade. é isso que você tem feito para todos os seus feitiços até agora, mas os feitiços e rituais de manifestação da lua nova são especiais porque você pode acender a mágica de uma lista imensa de coisas que não necessariamente estão ligadas umas com as outras — quase como sua própria lista de desejos mágica!

DO QUE VAI PRECISAR
seu diário mágico
um utensílio para escrever
folhas de louro
uma canetinha
um caldeirão ou prato/travessa resistente ao fogo
um acendedor longo ou fósforos longos

INSTRUÇÕES

em primeiro lugar, comece pensando nas coisas que gostaria de manifestar. isso não é algo que deveria ser apressado, então você pode querer tirar alguns dias para ponderar de verdade. pergunte a si: como é que seria minha vida ideal? então parta daí. tente não colocar limites em si.

CONVITE PARA ESCREVER NO DIÁRIO MÁGICO: *no topo da página, escreva: "para o bem de todos e o mal de ninguém, manifesto as seguintes coisas ou melhor". a seguir, escreva sua lista de manifestações como se já fossem verdade. seja específica e inclua como elas fazem você se sentir. por exemplo, "estou tão empolgada agora que sou dona de um pequeno negócio de sucesso/influencer nas redes sociais. escreva "que assim seja" no pé da página para finalizar.*

pegue suas folhas de louro e a canetinha. em cada folha de louro, escreva uma de suas manifestações. (você pode escrever algumas palavras-chave se ficar longo demais para a folha — é o que eu faço!)

comece a transferir as folhas de louro para o caldeirão. pegue o isqueiro/fósforo e queime cada uma com cuidado, o que vai mandar suas manifestações para o mundo via energia do fogo. (usar um isqueiro/fósforo mais longo é importante porque as chamas de folha de louro tendem a ficar grandes rápido.)

na manhã seguinte, descarte as cinzas como preferir. algumas pessoas bruxas gostam de guardá-las e misturar com sal de mesa para fazer sua versão de sal negro para feitiços futuros.

✷ ✶ TIRAGEM DE CARTAS ✶ ✷

CARTA 1	CARTA 2	CARTA 3
o que penso que sou capaz de manifestar.	o que sou verdadeiramente capaz de manifestar.	como estar à altura do desafio de superar minhas próprias expectativas.

lua nova
quando suas manifestações não se realizam

ah, não — você manifestou algo, mas já faz um tempo e nada aconteceu!

    esse é um cenário que todas as bruxas já experimentaram. eis aqui algumas coisas a considerar.

dê um tempo — nem toda mágica é instantânea. algumas coisas demoram um pouco. você deu o espaço apropriado para sua manifestação acontecer ou é só impaciência mesmo? se puder, tente abstrair. conhece a expressão "o tempo nunca passa quando ficamos olhando para o relógio"? ficar se obcecando não vai ajudar nessa situação!

você pode não estar pronto — pode ser frustrante ouvir isso, mas sei por experiência própria que pode ser o caso. anos atrás, tentei manifestar um contrato de publicação para um baralho de tarô, mas meu projeto de cartas de tarô virou um baralho de oráculo. apesar de eu ter amado cocriar meu baralho de oráculo, a ideia de cocriar um baralho de tarô nunca deixou meus pensamentos. poucos anos depois, após me familiarizar mais com o tarô e fazer mais alguns cursos sobre isso, enfim recebi a oportunidade de lançar meu próprio baralho de tarô. terminei cocriando o baralho dos meus sonhos. quando penso nisso agora, fico feliz que não pude fazer um baralho de tarô na época em que queria. eu não estava pronta, e se não tivesse tentado antes de estar verdadeiramente pronta ele não teria sido o melhor que poderia ser. minha manifestação me encontrou quando a hora estava certa.

na verdade, manifestou — às vezes, nossas manifestações se realizam e nós nem nos damos conta porque existe uma desconexão entre nossas expectativas e a realidade. você pode estar desapontado pela maneira como se realizou, mas isso não significa que não se realizou. tente de novo na próxima lua nova e seja mais específico com o que manifestar e como faz você se sentir.

alguma coisa melhor está a caminho — talvez você não tenha sonhado grande o suficiente (é por isso que você nunca deve se menosprezar), ou talvez o sonho que você tinha não fosse a melhor coisa para você, no fundo. esteja aberto às possibilidades — você pode estar prestes a ter algumas surpresas incríveis!

pode haver barreiras do mundo real — eu seria irresponsável se não mencionasse os sistemas de opressão como racismo, machismo, classismo, homofobia e gordofobia, que são construídos para derrubar algumas pessoas enquanto erguemos outras. essas coisas podem afetar suas manifestações ou feitiços. pode ser exaustivo lidar com esses obstáculos, mas tente ficar de queixo erguido e deixe de tanta dureza consigo. você não é uma bruxa fraca; a sociedade é um lugar fodido que precisa de mudanças significativas.

lua minguante
fazendo movimentos

a vida toda fui uma leitora ávida.

até que comecei a sonhar em também ser escritora.

escrevi alguns poemas aqui e ali, e até mesmo um conto ocasional. queria tanto escrever um livro inteiro meu, mas eu não era muito consistente. normalmente começava com uma explosão de inspiração e às vezes algumas poucas páginas escritas antes de apagar.

a evolução? bem ruim.

ah, se eu simplesmente tivesse aberto os olhos e me dado conta de que meus sonhos não virariam realidade sem eu fazer alguma coisa.

mas aqui está o problema.

se você quer que suas manifestações/feitiços virem realidade, seus esforços não podem parar depois de dizer "que assim seja". em minha experiência, as coisas às vezes caem no seu colo, mas na maior parte do tempo a mágica vai acontecer porque você continua a falar verdades e a praticar ações que se alinham com seus desejos, em especial durante a lua crescente.

eu sei que nunca teria me tornado uma escritora se não parasse de me dizer "não consigo" ou "é difícil demais", se eu não me esforçasse para colocar a caneta no papel e seguir em frente até rabiscar a palavra "fim".

percebo que procrastinamos as coisas que são importantes para nós porque temos medo de errar com elas. tudo bem ter medo, mas pegue esse medo e use-o como combustível para levar você pelo caminho. talvez seja um desastre, ou talvez seja maravilhoso. mas você não vai descobrir se não tentar, vai?

"se eu tenho que trabalhar tanto, qual o sentido de lançar feitiços?", alguns de vocês podem estar perguntando.

pense deste jeito: o feitiço lhe dá um par de asas metafórico. começar a voar ou não é uma decisão sua.

CONVITE PARA ESCREVER NO DIÁRIO MÁGICO: *quando se trata de seus sonhos e objetivos atuais, com qual você tem mais medo de errar?*

✶ TIRAGEM DE CARTAS ✶

CARTA 1

o que estou procrastinando?

CARTA 2

como eu me sentiria se finalmente parasse de criar desculpas e fizesse de uma vez?

SEUS CICLOS

lua minguante
feitiço para motivação

você talvez nem sempre sinta vontade de trabalhar na direção de suas manifestações, mesmo durante a lua crescente. eu entendo totalmente. se precisa começar uma tarefa nova, ou continuar, ou terminar outra, pode ser intimidador. lance este feitiçozinho rápido sempre que precisar se motivar para riscar algum item da lista de afazeres.

DO QUE VAI PRECISAR
uma folha de papel de rascunho
um utensílio para escrever
uma tigela pequena
grãos de café

INSTRUÇÕES

no seu pedaço de papel, escreva o objetivo imediato para arrasar, aquele para o qual precisa de motivação.

a seguir, coloque a tigela em seu altar. ou então você pode usar a tampa de um pote, ou até um vidrinho para condimentos, se tiver algum desses à mão por acaso.

coloque os grãos de café (outra opção é usar café moído) dentro da tigela, enchendo-a até a metade. sabe quando bebemos café para conseguir energia e motivação de manhã? podemos usá-lo em nossos feitiços para a mesma coisa!

no topo da sua base de grãos de café, coloque o pedaço de papel. enquanto despeja alguns grãos de café a mais em cima do papel, repita a afirmação a seguir: "tenho motivação para completar este objetivo de _____. sei como fazer a porra toda funcionar. nada nem ninguém pode me impedir, nem mesmo eu. que assim seja".

feito!

este feitiço é pensado apenas para um objetivo por vez, mas você pode fazê-lo com a frequência que quiser — até mesmo múltiplas vezes por dia com objetivos diferentes. a melhor parte é que é provável que só consuma poucos minutos do seu tempo.

✦ ⁎ TIRAGEM DE CARTAS ⁎ ✦

CARTA 1	CARTA 2	CARTA 3
uma coisa pequena e impressionante que posso conquistar hoje.	uma coisa grande e impressionante que posso conquistar hoje.	uma carta para me dar o empurrão de que preciso.

lua cheia
celebrando-se

eu sou o tipo de pessoa que conquista uma coisa e depois quer continuar na direção da próxima coisa brilhante quase de imediato.

mesmo enquanto escrevo este livro, já estou pensando no livro que vou escrever em seguida — qual título vai ter, como vai ser a capa, como vou formatar os conteúdos dentro dele...

você sempre deve tirar um tempo para celebrar suas conquistas, não importa quão grandes ou pequenas elas sejam. não passe correndo por elas como se fossem insignificantes. se fizer isso, você vai sentir um vazio mais tarde quando olhar para trás e se der conta de que uma vez você sonhou estar exatamente onde está agora, mas você não parou para apreciar a jornada necessária para trazer você até este lugar.

(estou tentando melhorar nisso, eu juro!)

não, você não tem que dar uma festa imensa com uma lista gigante de convidados cada vez que tirar nota máxima num trabalho da escola, ou cada vez que fechar com o cliente dos sonhos, ou quando uma de suas manifestações se realizar. não tem que fazer tanto drama.

celebrar pode significar tantas coisas diferentes.

celebrar pode significar jantar na varanda só com a sua companhia mesmo para poder ver o pôr do sol.

celebrar pode significar ir até sua padaria favorita e comprar um docinho de presente. (talvez eu tenha ou não feito isso ontem.)

celebrar pode significar parar e se dar um "parabéns" silencioso, mas de coração.

quando as bruxas falam de rituais da lua cheia, em geral falam de rituais de libertação. no entanto, acho que deveríamos normalizar a autocelebração como um ritual também, mesmo que não envolva um feitiço. celebre o que merece ser celebrado, e então livre-se daquilo que não serve mais.

✴ ✴ TIRAGEM DE CARTA ✴ ✴

> o que conquistei neste ciclo da lua que merece ser reconhecido?

lua cheia
libertando-se

eba, seu primeiro feitiço de libertação da lua cheia vai acontecer logo! prepare-se para libertar energeticamente tudo o que não quiser trazer consigo para o próximo ciclo da lua. isso cria espaço para manifestações novas virem na sua direção.

DO QUE VAI PRECISAR
seu diário mágico
um utensílio para escrever
papel de rascunho
uma lata de lixo

INSTRUÇÕES

CONVITE PARA ESCREVER NO DIÁRIO MÁGICO: *no topo da página, escreva "para o bem de todos e o mal de ninguém liberto as coisas a seguir com amor". faça sua lista. por exemplo, "os objetivos (aqui seja específico) que não me servem mais", "meu comportamento sabotador", e "minha decepção com coisas que não deram certo". assine com "que assim seja".*

a seguir, pegue seu papel e rasgue-o em pedaços em que dê para escrever. em cada pedaço, escreva uma das coisas que gostaria de libertar. palavras-chave servem também.

agora vem a parte divertida.

quando terminar, pegue esses pedaços de papel e rasgue-os em pedacinhos minúsculos. ao rasgar cada um, diga: "eu desde já liberto _____ da minha vida".

e onde jogamos todas as coisas estragadas que não queremos mais?

isso mesmo, no lixo.

claro, o lixo pode ser mágico também.

jogue logo todos esses pedacinhos de papel na lixeira mais próxima. lembre-se de levar o saco de lixo para a rua no dia certo para que possa ficar o mais longe possível dele. você não precisa mais dessas merdas.

catártico, não é?

✶ TIRAGEM DE CARTAS ✶

CARTA 1	CARTA 2	CARTA 3
o que na minha vida atual deveria estar no lixo?	que lições podem ser tiradas disso antes de me despedir?	como posso ter certeza de que não vai voltar do lixo?

lua cheia
preparando água da lua

você pode preparar água da lua em qualquer fase lunar, dependendo do tipo de mágica que quiser fazer com ela, mas lua cheia = poder total, então este é o momento mais favorável. qualquer intenção que você colocar será potente.

para fazer água da lua, encha qualquer tipo de pote ou recipiente hermético com água. sussurre uma afirmação nele, depois feche-o. deixe o pote embaixo da lua cheia ou numa janela, que vai magicamente supercarregá-lo. você também pode cercar o recipiente com cristais, ervas ou cartas que se associem com sua intenção. só lembre de ir buscá-lo antes de o sol sair!

como usar sua água da lua:

beba — beba a água como está ou use-a para fazer chá, café ou chocolate quente. à medida que beber o líquido, também beberá sua energia mágica.

faça limpeza — lave o rosto/mãos com essa água ou use um pouco num banho para purificar. você pode limpar suas ferramentas (as que sejam resistentes a água) com essa água também.

abençoe — água da lua é basicamente a água benta de uma bruxa, então você pode usá-la para se abençoar magicamente, lançar uma bênção em suas ferramentas ou o que mais for.

lua minguante
descansando

quando se concentra totalmente em seus objetivos e manifestações o tempo todo, você pode acabar esquecendo de parar para cheirar as lavandas.

pode ser que você negligencie a nutrição de sua mente, corpo e alma ao dormir menos, abandonar um monte de seus interesses e hobbies, ou renunciar a momentos com entes queridos.

por sorte, a lua minguante é um bom intervalinho antes do próximo ciclo da lua.

durante a lua minguante, pegue o calendário e faça algumas reavaliações sérias. aposto que tem pelo menos uma coisa a cada semana até a lua nova que pode ficar no banco de reserva ou uma coisa tão desnecessariamente sugadora que pode ser eliminada do calendário como um todo.

depois de liberar um tempo para si, quero que você se sente e não faça nada, ou ao menos faça algo agradável que não exija muito da sua energia. acompanhe os episódios novos de um programa de televisão de que gosta ou passe um tempo com um amigo com quem seja fácil de interagir e que goste de fazer uma coisa um pouco mais tranquila e de boa no dia.

eu tenho uma mania que é: mesmo quando eu deveria estar descansando, em certo momento eu começo a pensar em todas as coisas que tenho que fazer quando acabar meu tempo de descanso. isso embrulha meu estômago e me deixa superansiosa. houve situações em que até parei de descansar para poder começar esse trabalho e afastar os sentimentos.

isso não é descanso de fato, e sei que estou longe de ser a única pessoa que tem essas tendências.

negligenciar a recarga de suas próprias baterias entre capítulos de sua vida vai inevitavelmente levar a um burnout extremo, e isso não é coisa que se possa trabalhar até superar (ao menos não bem). pelo contrário, isso pode atrasar seu progresso, então faça um favor imenso a sua versão do futuro e descanse durante a lua minguante para poder entrar no próximo ciclo lunar com mais energia do que nunca!

✦ TIRAGEM DE CARTA ✦

> o que posso fazer para descansar mentalmente, emocionalmente ou fisicamente neste exato momento?

lua minguante
feitiço para gratidão

quando foi a última vez que você agradeceu por suas bênçãos? algumas pessoas acreditam que, quando mostra gratidão, você energeticamente chama mais coisas pelas quais sentir gratidão. ao longo da duração do ciclo da lua (da última lua nova até agora), registre todos os seus momentos alegres com fotos e vídeos no telefone. (dica: faça álbuns para organizá-los por ciclo da lua.) vão ser importantes para este feitiço de lua minguante.

DO QUE VAI PRECISAR
uma vela prateada num suporte
um isqueiro ou fósforo
seu telefone
seu diário mágico
um utensílio para escrever

INSTRUÇÕES

acenda sua vela prateada e diga: "minha autorreflexão ilumina minha perspectiva".

pegue seu telefone e passe pelos seus vídeos/fotos do ciclo da lua, mas não saia passando as imagens como se fosse o álbum de fotos velho e empoeirado que sua tia maria deu para olhar. olhe cada imagem devagar. tire um minuto para lembrar de verdade como era estar naquele momento. explore cada detalhe pequeno e microscópico — qual era a sensação, o cheiro, o som. reviva sua felicidade para poder escrever sobre ela de modo mais eficaz.

agora siga para a escrita no diário.

CONVITE PARA ESCREVER NO DIÁRIO MÁGICO: *escreva "por todas as coisas a seguir, sinto uma gratidão incrível e dou as boas-vindas a oportunidades similares em minha vida" no topo da página. use suas fotos/vídeos para guiar você ao fazer a lista, mas fique à vontade para incluir qualquer outra coisa que venha à mente. termine com "que assim seja".*

deixe a vela queimar até o fim ou apague-a e use em seu próximo feitiço de gratidão.

além disso, você pode postar um monte de fotos ou vídeos nas redes sociais num *photo/video dump*, que é uma seleção de fotos ou vídeos não necessariamente relacionados entre si, para poder mostrar ao mundo o quanto tem para sentir gratidão (sem ser muito exibida). não apenas isso lança mais energia mágica por aí, mas talvez inspire outros a sentirem gratidão por suas bênçãos também.

✶∗ TIRAGEM DE CARTAS ∗✶

CARTA 1

qual das minhas bênçãos eu talvez esteja ignorando?

CARTA 2

como posso mostrar gratidão por ela de forma apropriada?

os ciclos de celebrações sazonais

você pode trabalhar com a energia mágica das estações ao alinhá-la com o ciclo sazonal das celebrações do ano, também conhecido como a roda do ano.

ao se conectar com a terra dessa forma, você pode descobrir que está muito mais conectado consigo, já que frequentemente as estações refletem o que está acontecendo ao mesmo tempo em nossas vidas.

a maioria dessas celebrações cai em dias diferentes a cada ano, então procure por elas antes de marcá-las no calendário. você pode até mesmo comprar um calendário esotérico com as datas já incorporadas. a maioria dos calendários também vai incluir as fases da lua.

as datas aproximadas a seguir são para o hemisfério norte. (para o hemisfério sul, procure o lado oposto da roda para a celebração certa.)

yule (solstício de inverno) — celebrado no dia 21 de dezembro ou perto dele, este é o dia mais curto e a noite mais longa do ano. as bruxas frequentemente decoram árvores, acendem fogueiras e compartilham a alegria da aproximação da luz do sol, dando e recebendo presentes. o frio e a escuridão também lhe dão a oportunidade de olhar para dentro, de examinar a alma e a consciência, e acessar sua resiliência.

imbolc/imbolg — o ponto do meio entre yule e ostara se celebra no dia ou ao redor do primeiro de fevereiro. os dias curtos e frios de inverno enfim começam a ficar um pouco mais longos e mais ensolarados. a primavera passa a parecer acessível. conforme a terra degela, você também vai, então abra caminho para felicidade e crescimento novos, fazendo aquela faxina de primavera — tanto literal quanto magicamente!

ostara (equinócio de primavera) — esta celebração de um dia e uma noite igualmente longos é observada em 21 de março ou por volta desse dia. a luz do sol continua a ser mais presente durante nossos dias, o que pode ser algo a celebrar — por isso, faça um almoço gostoso no jardim ou promova uma caça aos ovos de ostara. permita-se indulgências de coelhinhos de chocolate enquanto estiver no meio disso. nutra todas as formas em que você vem crescendo.

beltane/beltain — o ponto do meio entre ostara e litha é normalmente celebrado no dia ou ao redor do primeiro de maio. a luz do sol agora se torna abundante, e a terra enfim desperta. traços de verão pesam no ar. este é frequentemente um dia para o amor — de *handfasting* (a cerimônia de casamento pagã), assim como a formação de casais. considere usar uma coroa de flores e fazer uma fogueira, ou faça alguma outra coisa que fale com seu lado selvagem.

litha (solstício de verão) — frequentemente celebrado no dia ou ao redor de 21 de junho, este é o dia mais longo e a noite mais curta do ano — o que quer dizer que o sol agora brilha com força total! celebre o retorno da luz assim como todas as coisas que você tem para ser feliz. participe de atividades de verão, como fazer um churrasco ou nadar. use roupa de banho com confiança.

lughnasadh/lammas — lughnasadh (pronunciado *lúnasa*) é o ponto do meio entre litha e mabon e é normalmente celebrado por volta de primeiro de agosto. o verão começa a escapar das suas mãos, e você pode começar a ver alguns sinais pequenos do outono. este é o primeiro dos três festivais da colheita, em geral comemorados com assar ou comer pão e colher girassóis. também é o momento de rever seu crescimento anual.

mabon/modron (equinócio de outono) — nossa segunda celebração de dia e noite iguais é normalmente observada em 21 de setembro. em seguida, as noites ficarão mais e mais longas. em honra do segundo festival da colheita, tome um *pumpkin spice latte* (um café latte com tempero de torta de abóbora) e vá colher maçãs e abóboras. brinque nas folhas vibrantes que mal começam a cair. aproveitando as atividades, apaixone-se por si.

samhain — o ponto do meio entre mabon e yule normalmente se celebra no dia ou ao redor de 31 de outubro. o outono está indo embora; goste ou não, o inverno vai penetrando pela porta aberta. os dias ficam muito curtos, deixando pouca luz do sol. já que é o último festival da colheita, é um momento ótimo para honrar o ano que passou, assim como o seu passado em geral, inclusive seus entes queridos e ancestrais que já se foram.

SEUS CICLOS

CONVITE PARA ESCREVER NO DIÁRIO MÁGICO: *alguns feriados cristãos e seculares foram inspirados pelas celebrações da roda do ano, muitas das quais foram adaptadas dos festivais pagãos antiquíssimos. olhe a lista que lhe dei antes. quais parecem ser as celebrações dominantes conhecidas para você? se aplicável, como você pode integrar essas celebrações da roda do ano a algumas de suas tradições já existentes?*

> conforme a roda do ano gira, você pode acrescentar decorações sazonais ao seu altar (por exemplo, pequenas árvores decorativas para yule ou guirlandas de folhas de outono para mabon), mudando-as para a celebração seguinte. imagine que é outra forma de honrar a mágica da mãe terra.

vivo minha vida com a profundeza
e a dramaticidade com que
a terra vive suas estações —

eu me permito sentir
cada coisinha em voz alta

& não ligo para quem está olhando.

— *vamos, olhe para mim com iguais*
   maravilhamento e horror.

yule
introspecção

se yule tem a menor quantidade de luz do sol do ano inteiro, por que é um dia tão feliz? por que, amorosamente, ele é chamado de natal para bruxas?

bem, yule é essencialmente o momento mais escuro antes do alvorecer. depois do yule, a luz do sol vai começar a retornar para nós (muito) devagar — é isso que estamos celebrando finalmente, mas não é só isso que celebramos. também celebramos a promessa de que nossas vidas diárias estão prestes a mudar para melhor.

daqui a pouco vamos parar de ficar tão encolhidos em nossas casas para nos protegermos das estradas com gelo e do clima gelado.

daqui a pouco vamos sair de novo e vamos nos conectar com a mãe terra — vamos nos banhar no glorioso calor e na vitamina d de que sentimos tanta falta.

daqui a pouco vamos poder nos sentir um pouco mais como nós mesmos de novo.

essas são coisas fantásticas para se animar; no entanto, depois que as árvores de natal são desmontadas, as fogueiras são apagadas e os presentes são guardados, ainda tem um monte de dias frios e escuros.

ainda é inverno, afinal de contas.

dependendo de onde você mora, vai ter que lidar com essas coisas por pelo menos alguns meses mais, então, por que não ir se jogar e se acomodar na escuridão? coloque um blusão bem grande. pegue uma xícara de algo quente e reconfortante (gosto de tomar chá de folha de laranjeira e cravo no inverno — é delicioso) para poder desacelerar e se familiarizar mais um com o outro.

a escuridão é para celebrar também.

é em nossas horas mais escuras — enquanto tudo ainda está imóvel e silencioso — que enfim podemos nos voltar para dentro e explorar nossos mundos interiores, assim como as sementes fazem com o chão antes de brotar na primavera.

CONVITE PARA ESCREVER NO DIÁRIO MÁGICO: *hora de examinar nossa consciência e alma. volte a pensar em um momento em que sentiu solidão ou isolamento em relação aos outros, fosse por escolha ou não. qual foi a maior coisa que essa experiência revelou sobre você?*

TIRAGEM DE CARTAS

CARTA 1

quem sou eu quando não estou com outros?

CARTA 2

quem sou eu quando estou só eu?

CARTA 3

como esses dois aspectos de minha vida podem coexistir?

yule
feitiço para resiliência

talvez você sinta que precisa de um pouco mais de força do que de costume para atravessar o inverno. por mais que seja minha segunda estação favorita do ano depois do outono, até mesmo eu fico agitada perto do final, quando esses dias frios não fazem nada além de se arrastar, e se arrastar e se arrastar. eis aqui um feitiço que você pode lançar perto do yule — ou em qualquer momento durante o inverno, na verdade — para ajudar você a construir sua resiliência. você vai conseguir atravessar essa estação muito bem, coisa linda!

DO QUE VAI PRECISAR

uma vela dourada num suporte
uma bandeja pequena ou média
agulhas de árvore perene
um isqueiro ou fósforos

INSTRUÇÕES

coloque sua vela dourada no meio da bandeja.

jogue as agulhas de árvore perene num círculo ao redor da vela. (você também pode usar alecrim como uma opção mais prática!)

enquanto acender sua vela dourada, diga a afirmação a seguir: "eu atravesso estes dias de inverno restantes. sou resiliente como uma floresta inteira de árvores perenes. nenhum frio — nem mesmo uma avalanche de neve — pode me derrubar. que assim seja."

se tiver tempo, recomendo que fique por ali e deixe sua vela queimar até o fim. ao fazer isso, imagine a vela e a árvore perene (energeticamente) trabalhando juntas para ajudar a fortalecer sua resiliência.

✶ TIRAGEM DE CARTAS ✶

CARTA 1	CARTA 2
o que me faz resiliente.	como posso acessar minha resiliência nesta estação.

imbolg
emergindo de seu casulo

quando imbolg se aproxima, os sinais do inverno começam a sumir. o ar deve estar começando a esquentar e a neve deveria estar começando a derreter, preparando-se para um crescimento novo. você pode começar a ver sinais de primavera logo, como o cantar de pássaros e pequenos punhados de flores no jardim.

flores de campânula-branca explodindo no meio de neve derretendo é minha imagem absolutamente favorita do imbolg.

talvez seja só minha versão de poeta sensível, mas eu entendo desta maneira: quando é finalmente hora de as flores de campânula-branca renascerem, elas assumem o nome da coisa que as impediu de crescer no início. elas não se esquecem das lições que aprenderam do gelo enquanto se escondiam nas profundezas dentro do chão gelado; elas deixam que se tornem parte delas, fortalecendo-as.

é feitiço mesmo, elas têm a audácia de se parecer com a neve.

é muito punk.

quando você enfim emergir de seu casulo de casaquinho, lembre-se de como foi aguentar o frio. essa versão sua é a que vai ajudar a levar você para a primavera.

você está tão perto agora.

enquanto a terra está se preparando para um crescimento novo, prepare-se para a sua próxima evolução:

revire seus espaços escondidos — às vezes, quando não vejo coisas materiais, eu me esqueço de que estão ali, o que me prova que eu não precisava tanto dessas coisas para começo de conversa. se você se parece comigo, esquadrinhe seus armários, gavetas e prateleiras. doe qualquer coisa boa o suficiente e jogue fora tudo que for irrecuperável.

faça uma faxina nas suas redes sociais — dê uma limpada em suas postagens, assim como em suas listas de seguidores. arranque qualquer coisa que impede você de ser a pessoa que mais quer ser.

faça uma limpeza na casa/espaço — use som ou fumaça para purificar energeticamente seu altar conforme a necessidade. este também é um momento excelente para limpar sua casa energeticamente.

CONVITE PARA ESCREVER NO DIÁRIO MÁGICO: *seus hábitos — o que você tem feito ou pensado — também podem precisar de uma purificação. o que precisa ser abandonado junto com a sua versão de inverno?*

✶ TIRAGEM DE CARTAS ✶

CARTA 1	CARTA 2
algo para tirar a poeira e continuar usando.	algo para tirar de circulação por um tempo.

imbolg
purificando o lar

tem muitas formas de limpar magicamente o seu espaço. pessoalmente, prefiro ferver uma panela de água para purificar o ambiente. não só é fácil como solta um perfume incrível. conforme a fumaça salta da água, ela limpa a energia da sua casa inteira.
a seguir, eis uma versão para fazer no imbolg ou perto da data.

DO QUE VAI PRECISAR
uma panela pequena
água
neve derretida (opcional)
um fogão/placa de indução
galhos secos de alecrim
botões de lavanda secos
uma colher grande para cozinhar

INSTRUÇÕES

encha sua panela até a metade com água. se tiver alguma neve, acrescente um punhado à panela. (você pode esperar nevar, juntar um pouco e guardar no congelador. do contrário, cubos de gelo funcionam igual.) conforme a neve derrete, a energia do inverno também vai derreter de cada cantinho escuro.

deixe a água ferver no fogão/placa de indução.

com cuidado, acrescente os galhos de alecrim (para purificação) e botões de lavanda (para uma pitada de primavera; muitas bruxas usam para purificação também) à água fervente. deixe ferver por alguns minutos mais. (não sei se tem muitas regras para isso necessariamente, mas em geral eu fervo até sentir que o cheiro das ervas está forte.)

mexa a panela no sentido anti-horário com a vela e diga: "eu desde já limpo este lar da energia fria e congelada do inverno. que ela abra espaço para o calor e rejuvenescimento da primavera na sua esteira. que assim seja."

> na mágica, um movimento no sentido horário manifesta/cria;
> um movimento no sentido anti-horário liberta/manda embora.

abaixe o fogo e deixe a água fervilhar.

normalmente deixo minhas panelas de feitiço agindo por algum tempo entre três e cinco horas. certifique-se de sentar em algum lugar onde pode ficar de olho, em especial se tem crianças ou bichos de estimação. coloque um alarme no telefone e retorne a cada trinta ou quarenta minutos para repor a água que tenha evaporado. assim que terminar, esvazie a panela e descarte ou faça adubo com as ervas.

✷ TIRAGEM DE CARTA ✷

como posso
desabrochar
nesta
primavera?

meios de purificar a casa no dia a dia

por mais que o imbolg seja um momento ótimo para limpar sua casa magicamente, não deveria ser o único momento em que você faz isso. você não limparia o vaso sanitário apenas uma vez por ano, não é? (quer dizer, eu com certeza espero que não, mas não vou julgar!) pessoalmente, tento fazer outros tipos de purificação na casa a cada lua cheia — às vezes uma lua cheia sim, outra não —, já que é um bom momento para banir qualquer energia negativa que pode se prender em meu espaço.

usar som ou fumaça — toque seu sino ou acenda seu punhado de ervas ou incenso e então ande no sentido anti-horário (começando a cada porta ou entrada), passando por cada cômodo da casa, deixando o som/fumaça limpar tudo de ruim. este é provavelmente o método de limpeza de casa mais básico que existe, então acho que todas as bruxas deveriam tentar pelo menos uma vez.

varrer — bruxas não podem voar em vassouras de verdade, mas uma coisa que podemos fazer é magicamente limpar com elas. para isso, recomendo comprar ou fazer uma vassoura especial, conhecida como *besom*.[4] depois de varrer com sua vassoura convencional, caminhe no sentido anti-horário pela casa, usando sua vassoura especial para varrer todo o ar — ou a energia — logo acima do chão. abra a porta e varra isso para fora.

usar fogo e água — acenda uma vela branca e (cuidadosamente, muito cuidadosamente!) caminhe de cômodo em cômodo, movendo-a em círculos anti-horário. você pode parar por aí, mas se quiser pode também pegar um pouco de água da lua cheia e salpicar em cada cômodo, tomando cuidado com

---

[4] é a vassoura que conhecemos dos desenhos animados de bruxas, feita com um galho em cuja ponta amarramos capim ou ervas. (n.e.)

qualquer coisa que possa ser danificada ou arruinada por água, como livros ou eletrônicos.

fazer uma fervura mais diária — alguns dos meus ingredientes de purificação favoritos para a fervura purificadora são alecrim (que limpa), fatias de limão (que purificam) e cravos inteiros (que protegem contra energia negativa). você pode seguir as instruções para a fervura do imbolg, substituindo esses ingredientes pelos que usei nas instruções.

CONVITE PARA ESCREVER NO DIÁRIO MÁGICO: *tente ao menos três desses métodos de purificação de casa. qual mais ressoou com você? tem algum que você acha que não vai repetir? por quê? pessoalmente, acho que o método de varrer é ótimo na teoria, mas dá um pouco de trabalho demais, então na maior parte do tempo eu me atenho aos outros.*

ostara
largando a ideia de guilty pleasures

serei honesta: ostara não é meu favorito. quando chega o momento decisivo, é basicamente a páscoa de uma bruxa, um feriado que eu celebrava quando pequena, mas de que nunca desfrutei de verdade. ostara compartilha muitas imagens e tradições, então tenho dificuldade de me conectar.

mas eu ainda tento de verdade — por mim — porque tem muita coisa de valor nessa celebração.

não é apenas um dia em que reconheço que as luzes do sol e da lua voltaram em equilíbrio perfeito depois de meses de escuridão ou em que todo o verde está fazendo seu retorno muito aguardado.

também é um dia em que eu me coloco em equilíbrio de novo.

é comum celebrar os temas de fertilidade, crescimento e

renascimento enquanto se comem doces e bolos. comer é uma boa maneira de se reequilibrar — desde que você não fique se culpando por isso. ficar se cobrando por "exagerar" (seja lá o que for isso) ou planejar "comer melhor amanhã" (comida não tem moralidade) é na verdade o oposto da harmonia.

o que me traz ao tema dos *guilty pleasures*, os "prazeres com culpa", algo que você aprecia, mas sente culpa. com toda a franqueza, acho isso uma bobagem sem tamanho. o único motivo pelo qual você chegaria a sentir culpa por gostar de alguma coisa inofensiva é porque tem medo de que outras pessoas pensem menos de você ou até façam piada por causa disso.

e não vou mentir — elas podem.

mas pelo menos você vai estar contente lendo suas histórias românticas, ouvindo taylor swift e comendo todos os ovos de chocolate que quiser. por outro lado, eles vão estar longe num canto se sentindo mal porque não aguentam que os outros sintam a alegria que não permitem para si mesmos, só para poderem experimentar uma sensação falsa de superioridade.

qual dos dois parece melhor?

CONVITE PARA ESCREVER NO DIÁRIO MÁGICO: *você já se referiu a algo como seu "guilty pleasure"? o que é, e por que você sente culpa? agora, assuma o que gosta ao escrever: "eu me permito me deleitar nas coisas que me trazem felicidade inofensiva, incluindo _____. que assim seja."*

✶ ✶ TIRAGEM DE CARTAS ✶ ✶

CARTA 1	CARTA 2	CARTA 3
o que estou me negando neste exato momento?	por que estou fazendo isso?	como posso superar essa restrição?

ostara
feitiço para nutrir seu crescimento

conforme as flores desabrocham, você também. mas as flores não crescem simplesmente e ficam vibrantes para sempre. você tem que continuar a nutri-las com coisas como a luz do sol e água ao longo da estação. tem gente que diz palavras gentis de encorajamento para ajudá-las a prosperar também. isso vale para você. faça este feitiço para nutrir seu próprio crescimento na ostara.

DO QUE VAI PRECISAR
uma cesta pequena ou média
uma fita verde
papel de rascunho
um utensílio para escrever
3 ovos plásticos preenchíveis
um coelhinho de chocolate

INSTRUÇÕES

coloque sua cesta (ou tigela) pequena no altar.

dentro da cesta, coloque sua fita verde (fios verdes ou grama decorativa de páscoa — de preferência do tipo biodegradável — funcionam também), até cobrir o fundo. isso representa a grama e o abraço carinhoso da mãe terra.

divida seu papel de rascunho em três pedaços médios. em cada um, escreva alguma maneira positiva em que você cresceu desde o inverno.

esses aspectos precisam ser coisas que você gostaria de seguir nutrindo para que continuem fortes. podem incluir hábitos pequenos e novos, como acordar um pouco mais cedo para tirar seu baralho de tarô, ou algo que tenha mudado sua vida, como ficar sóbrio de drogas ou álcool. (isso não é uma substituição para tratamento; deve servir como inspiração mágica para que você busque a cura no mundo real.)

coloque cada pedacinho de papel num ovo específico. ao fazer isso, repita uma afirmação encorajadora, por exemplo: "sou plenamente capaz de manter meu estilo de vida em que acordo cedo/sou sóbrio".

feche os ovos e coloque-os no cesto. enquanto acrescenta seu coelho de chocolate (ou barra de chocolate, se precisar), diga "que assim seja". (chocolate é reconfortante; aqui, ele simbolicamente nutre seu crescimento. fique à vontade para comê-lo depois de terminar!)

✳ TIRAGEM DE CARTA ✳

> que passos posso dar para sustentar meu novo crescimento de primavera?

beltane
não faça mal, mas não tolere merda

em minha coleção de poesia, *flower crowns & fearsome things* [coroas de flores & coisas assustadoras, em tradução livre], exploro o fato de o ser humano ser complicado. nunca somos apenas uma coisa o tempo todo — algumas partes nossas podem ser gentis e vulneráveis, como flores silvestres; outras partes podem ser ferozes e devastadoras, como incêndios em áreas silvestres.

    perto de beltane, você vai notar que a luz do sol e o verde continuam a crescer em abundância e que o calor do verão está começando a grudar na pele. como muitas bruxas, você pode celebrar usando uma coroa de flores e dançando ao redor de uma fogueira. dance para honrar cada aspecto de si — o seu gentil e o seu feroz.

    este parece ser um bom momento para falar sobre o conceito de "não faça mal, mas não tolere merda", comum entre as bruxas modernas.

    na verdade, eu amo muito essa ideia.

    em minha prática (e vida), isso significa nunca fazer mal intencionalmente para outra pessoa (meu lado gentil), mas também nunca ficar parada deixando que mal o venha em minha direção pelas mãos de outra pessoa (meu lado feroz).

    tem muitas formas de interpretar a frase "não tolerar merda". para algumas bruxas, significa lançar pragas/amaldiçoar as pessoas que lhes fizeram mal, o que quer dizer praticar mágica nefasta. como você sabe a esta altura, não é meu estilo. (não vou julgar se for o seu; eu simplesmente não posso ajudar você.)

    aqui tem alguns métodos simples e mesmo assim eficazes que você pode usar.

seguir em frente — se um ogro cruza o seu caminho, ou se alguém cria dificuldade só pela dificuldade e não se pode convencer a pessoa, silencie ou bloqueie essa pessoa (literal ou figurativamente). simplesmente caia fora. gaste sua energia com uma coisa que tenha significado.

defenda-se — alguém está fofocando sobre você ou tentando causar danos irreparáveis à sua pessoa? certo, você não pode simplesmente ficar parado e deixar isso acontecer. confronte as bobagens alheias.

envie amor — neutralizar o mau comportamento de alguém com gentileza frequentemente pega a pessoa desprevenida, levando-a reavaliar o que está fazendo. (além disso, a expressão na cara dela costuma ser impagável.)

CONVITE PARA ESCREVER NO DIÁRIO MÁGICO: *o conceito de "não faça mal, mas não tolere merda" faz sentido para você? de que forma?*

✴ TIRAGEM DE CARTAS ✴

CARTA 1	CARTA 2
eu no meu máximo de vulnerabilidade.	eu no meu máximo de devastação.

beltane
pote de feitiços para libertar sua selvageria

um tema associado com beltane é sua selvageria — quem você é sem a influência dos julgamentos efêmeros das pessoas, das pressões, das táticas da indústria da beleza. são aspectos seus que você poderia esconder, diluir ou mudar porque não são aceitos pela sociedade. conecte-se com sua versão autêntica e pé no chão para ajudar com o feitiço deste pote de feitiços.

DO QUE VAI PRECISAR
coisas "selvagens" da natureza (continue lendo!)
um pote/vidro médio com tampa

INSTRUÇÕES

antes do feitiço, saia de casa e junte algumas coisas "selvagens" — qualquer coisa de que gostar e com a qual você poderia cruzar na natureza, como musgo, flores, trevos, cascas de árvore e rochas/pedras.

só não junte nada que não puder identificar (pode ser perigoso), e não saia por aí colhendo flores do jardim de outras pessoas ou estragando árvores para pegar a casca (encontre cascas caídas ou até mesmo galhinhos no lugar). tenha atenção e respeito.

quando voltar para seu altar para fazer o feitiço, coloque seus itens um em cima do outro dentro do seu pote como quiser. para cada um dos itens que colocar dentro do pote, tire um momento para visualizar algo que quer fazer para libertar sua selvageria.

talvez você queira parar de usar sutiã, ou talvez queira parar de usar roupas que se conformem a um gênero. talvez você queira deixar crescer todos os pelos do seu corpo ou depilar tudo. talvez você queira voltar a rir alto e livremente depois de tanta gente criticar essa atitude por anos. (dá para notar que este último foi um pouco pessoal?)

depois que terminar, tampe o pote.

segure o pote nas mãos e repita as palavras: "sou minha selvageria e minha selvageria sou eu. deste ponto em diante, juro não ser nada além de minha linda versão pura, sem restrições, e que todos vejam".

ao terminar com "que assim seja", tire a tampa do pote para simbolizar energeticamente que está libertando sua selvageria.

mantenha esse recipiente em seu altar pelo tempo que quiser, jogando fora ou adubando os ingredientes quando terminar.

✶ ✶ TIRAGEM DE CARTA ✶ ✶

> como eu vejo a liberdade completa e selvagem?

litha
valorizando seus dias de sol

é litha. finalmente está fazendo calor suficiente para as pessoas saírem por aí usando regatas, bermudas e o par de sandálias mais lindo que tiverem. o sol está brilhando forte no céu; na verdade, este dia contém mais horas de luz de sol do que qualquer outro dia do ano. quando você estiver se preparando para ir dormir, pode ser que o sol mal esteja começando a se pôr.

é um dia longo e animado — um dia feito para churrascos, piscinas, aventuras na orla, parques aquáticos e dias na praia.

SEUS CICLOS

não importa o que escolher fazer, tire vantagem da luz enquanto ela estiver por aí. não vai ser assim para sempre, sabe?

depois do fim do dia, o sol vai gradualmente começar a se pôr mais cedo, e o ar vai começar a ficar mais e mais frio por fim.

é claro, você ainda tem muito tempo para desfrutar da natureza e explorar incontáveis experiências de verão incríveis, mas não parece que o tempo passa mais rápido quando a pessoa está se divertindo? (talvez seja só comigo...)

o que eu mais amo em litha é o fato de ela nos ensinar uma lição que vai além da estação.

dê valor aos dias ensolarados em sua vida porque você nunca sabe o que poderia acontecer. amanhã, o céu poderia se abrir e derrubar uma devastadora tempestade inesperada na sua cabeça. enquanto estiver amontoado no seu abrigo esperando passar, você vai ter todos esses momentos bons para se apegar.

também vão lembrar você de que você tem muito mais pela frente depois que isso acabar.

a roda da vida sempre vai girar de volta a seu favor.

CONVITE PARA ESCREVER NO DIÁRIO MÁGICO: *qual a sua lembrança favorita de verão — uma lembrança para ter esperança de que as coisas podem melhorar?*

✦ TIRAGEM DE CARTAS ✦

CARTA 1	CARTA 2
o que me faz feliz?	como posso espalhar essa alegria para todas as partes do meu ano?

litha
feitiço para reafirmar seu corpo de praia

este feitiço não tem a ver com conseguir um corpo pronto para ir à praia magicamente — tem a ver com aceitar que você já tem um corpo de praia, porque todos os corpos são de praia. não há nada que você precise mudar em si antes de colocar sua roupa de banho e se divertir no sol.

DO QUE VAI PRECISAR
sua roupa de banho favorita
um espelho de corpo inteiro

INSTRUÇÕES

antes de sair para a praia ou piscina aí perto, coloque sua roupa de banho.

em seguida, encontre um espelho de corpo inteiro.

ao olhar para seu reflexo, quero que finja estar olhando para seu melhor amigo, porque é exatamente assim que você vai se tratar.

e o que os melhores amigos fazem? eles se motivam!

se já não fez isso, vá em frente e se lance um sorriso acolhedor e receptivo. olhe-se nos olhos ao se encher de elogios tipo "meu deus, que look é esse?" e "essa blusa ficou superlinda em você, bruxa". (tente evitar expressões lisonjeiras no estilo "te deixou bem", que frequentemente são eufemismos para "te deixou mais magro". você não precisa de magreza para ficar bem.)

agora, fale para seu reflexo e concorde com ele, e diga "que assim seja".

apesar de poder parecer um feitiço simples demais, acho que escolher o amor incondicional e aceitar seu corpo numa sociedade que constantemente informa o que está errado é uma mágica extremamente poderosa.

✳ ✶ TIRAGEM DE CARTA ✶ ✳

o que posso fazer para ser mais gentil com meu corpo hoje?

lughnasadh
começando sua colheita

lughnasadh é o primeiro dos três festivais da colheita.

onde moro, é nesse momento que as pessoas começam a colher — ou pegar — pêssegos e nectarinas. o trigo também é colhido, e é então usado para fazer pão, por isso as bruxas se referem a esse como o "feriado do pão" (o que é uma gracinha).

é comum celebrar essa colheita de comida; afinal de contas, ela nutre nossos corpos e nos dá a energia de que precisamos para viver nossas vidas. com certeza, isso é algo a que todos nós deveríamos dar valor, bruxas ou não.

acho que também é importante celebrar outro tipo de colheita — sua própria colheita pessoal.

a esta altura, você está se aproximando do fim do ano. vai ser samhain antes que você se dê conta. sem dúvida você fez muito este ano, então lembre-se de tirar um momento para pensar em todo o progresso que você fez em relação a seus objetivos pessoais. colha todas as suas vitórias e sucessos fazendo uma observação especial deles. dê um tapinha nas suas costas em homenagem ao trabalho bem-feito — você merece!

ao mesmo tempo, comece a pensar nas coisas em sua vida que foram forças positivas, mas cresceram tanto quanto poderiam. o que precisa ser colhido e desfrutado uma última vez — por enquanto ou para sempre — para você poder continuar a se expandir de novas maneiras?

por exemplo, comecei minha carreira escrevendo coleções de poesias, mas então cocriei um baralho de oráculo, que me colocou num caminho totalmente novo e diferente. estou num momento agora em que logo vou lançar minha última coleção de poesia no futuro próximo para poder me concentrar em projetos relacionados à bruxaria, como este.

não estou dizendo adeus para a escrita de poesia (ao menos eu acho que não), mas a estou colocando em pausa, já que não está me ajudando a expandir das formas que quero. talvez possa ajudar no futuro. por enquanto estou contente pela jornada e pelos sucessos que vi, mas quero iniciar algumas jornadas novas. talvez você queira também.

CONVITE PARA ESCREVER NO DIÁRIO MÁGICO: *o que tem na sua colheita pessoal este ano?*

✦ ✦ TIRAGEM DE CARTAS ✦ ✦

CARTA 1	CARTA 2	CARTA 3
algo que ainda precisa de tempo para crescer antes da colheita.	algo que posso colher neste momento.	algo para colher, desfrutar e deixar ir para sempre.

lughnasadh
feitiço para se mimar

você merece se mimar depois de tudo em que se esforçou este ano. este feitiço ajuda você a celebrar isso e age como um fertilizante para aventuras futuras. já que este é o começo da estação da colheita — um momento sem dúvida centrado na comida —, por que não fazer um feitiço que incorpora um pouco de mágica fácil da cozinha?

DO QUE VAI PRECISAR
uma faca para manteiga
manteiga de sementes de girassol
um pedaço de pão
um prato
girassóis e um vaso com água (opcional)

INSTRUÇÕES

use a faca de manteiga para passar manteiga de sementes de girassol no pão. sirva-se num prato bonito. (é uma ocasião especial!)

se tiver os girassóis, corte os cabos e coloque as flores no vaso com água. coloque-as onde for comer, seja uma mesa ou no altar. girassóis artificiais servem também.

por que tantos girassóis, você pergunta?

girassóis são colhidos nesta época, e também são associados com felicidade e boa sorte. você merece ambas as coisas e mais, em especial quando se encaminha para o que falta da estação da colheita.

há tempo de sobra para você fazer e colher tantas coisas incríveis.

enquanto come o pão, pense no futuro e em tudo que gostaria de colher — ou conquistar — antes do fim da estação.

antes de dar sua mordida final no pão, diga: "eu já conquistei tanto este ano e simplesmente continuo fazendo isso. agora estou conquistando todas estas coisas e mais: (aqui é onde você lista os sucessos!). que assim seja". estímulo ajuda muito!

limpe tudo e exiba os girassóis em seu altar.

✳ TIRAGEM DE CARTA ✳

> uma ação que posso praticar para colher meus sonhos/objetivos imediatos o quanto antes.

mabon
tomando pumpkin spice latte *para se proteger*

continuamos na estação da colheita com nosso segundo festival da colheita, mabon.

o ar começa a refrescar, deixando seu nariz adoravelmente vermelho. você levanta a cabeça para ver as árvores com folhas amarelas, vermelhas e laranja brilhantemente mutantes. as postagens nas suas redes sociais estão cheias de pessoas usando cachecóis e colhendo abóboras com amigos, famílias e parceiros. subitamente, você pode sentir inspiração para fazer uma torta de maçã.

esta celebração é entendida como o dia de ação de graças das bruxas, então continue observando sua colheita pessoal e mostrando gratidão a si.

se compartilhar este dia com alguém mais, certifique-se de expressar gratidão por essa pessoa também! você é incrível sozinho, mas com certeza tem gente que traz valor para sua vida também, e eles merecem se sentir valorizados.

por volta desta época, as pessoas começam a tomar *pumpkin spice latte*, o famoso café com leite e especiarias. enquanto escrevo hoje, o #psl está oficialmente de volta e todo mundo está só um pouquinho mais contente do que estava antes — ah, a mágica inegável do *pumpkin spice*!

não, falando sério agora — você sabia que o *pumpkin spice* na verdade tem um monte de propriedades mágicas? é especialmente incrível para a prosperidade, confiança e trabalhos de proteção.

autoproteção é vital, em especial agora, enquanto você está colhendo algumas de suas conquistas mais impressionantes e mais esperadas. nem todo mundo vai olhar com maravilhamento e orgulho; algumas pessoas vão seguir olhando com inveja e ciúme, e toda essa energia ruim — intencional ou não — pode fazer você tropeçar.

uma vez, um conhecido me disse que queria que uma pessoa (que nós dois conhecíamos) sofresse um acidente. poucos dias depois, a pessoa mencionada sofreu um acidente e se feriu bastante. não afirmo que a energia ruim do meu conhecido causou o acidente, mas com certeza não ajudou. (claro, ele ficou extremamente arrependido!)

cada vez que tomar seu *pumpkin spice latte*, lembre-se de sussurrar uma afirmação de proteção na bebida. só por precaução.

✷ TIRAGEM DE CARTAS ✷

CARTA 1	CARTA 2	CARTA 3
quem me fez sentir mais apoiado este ano?	o que me fez sentir seguro?	um jeitinho de aproveitar os dias restantes do outono.

SEUS CICLOS

métodos de autoproteção do dia a dia

eis aqui mais algumas ideias para proteger sua energia, em especial quando não for estação de #psl. mais cedo ou mais tarde, você deveria chegar a um lugar onde está implementando proteções todos os dias — não somente antes dos feitiços, mas antes de poder fazer qualquer coisa! o mesmo vale para purificar e aterrar. tente uma rotina de purificação, aterramento e proteção ao acordar.

hidratação — depois de fazer uma purificação no banho, pegue seu hidratante preferido com o dedo. usando seu creme, desenhe formas de pentáculos na pele, então espalhe normalmente. isso vai criar uma barreira protetora invisível para o dia.

encante suas joias — pegue qualquer joia (por exemplo, um colar, um anel, uma pulseira) e coloque-a num prato cheio de alecrim por ao menos umas poucas horas. isso vai carregá-la com energia protetora. quando estiver pronta, coloque a peça e tenha a paz de espírito de saber que está sob proteção.

imagine — feche os olhos e imagine uma luz sólida na cor de sua escolha envelopando e protegendo seu corpo. fácil pacas.

∗ ∗ **TIRAGEM DE CARTAS** ∗ ∗

CARTA 1

aquilo de que mais preciso me proteger neste momento.

CARTA 2

as providências que posso tomar para me certificar de que estou segura e bem.

mabon
feitiço para se apaixonar por si

conforme as folhas caem, por que não fazer um feitiço para ajudar você a cair de amores por si?

DO QUE VAI PRECISAR
seu diário mágico

um utensílio para escrever

papel de rascunho

três folhas de outono

fita

uma bandeja pequena ou média

nozes, castanhas ou sementes de bordo (opcional)

INSTRUÇÕES

CONVITE PARA ESCREVER NO DIÁRIO MÁGICO: *faça uma lista de motivos pelos quais vale a pena se apaixonar por você. evite suas características físicas o máximo que puder; em vez disso, descreva seu espírito. você é o tipo de pessoa que sempre deixa as pessoas entrarem na sua frente no trânsito? você é um amigo leal? você é excepcionalmente confiável ou prestativo? siga com coisas assim!*

quando terminar a lista, escolha três de seus motivos favoritos. rasgue o papel de rascunho e escreva um motivo em cada pedaço.

a seguir, você vai grudar os pedaços de papel às suas folhas de outono — um motivo por folha. as folhas estarão mais lisas e fáceis de manipular se você as achatar entre as páginas de um livro alguns dias antes do feitiço.

se não tiver folhas de outono onde mora, qualquer folha que cair naturalmente serve. ou então você pode comprar folhas de outono artificiais em uma loja de artesanato, ou ainda desenhar e colorir umas folhas de outono, para depois recortá-las.

pouse as folhas no meio da bandeja, pausando para dizer cada motivo em voz alta, usando este modelo: "vale a pena se apaixonar por mim porque_____". depois de dizer o último motivo, diga: "portanto, como estas folhas, eu escolho cair de amores por mim a cada dia. que assim seja".

se quiser acrescentar um toque a mais de mágica, você pode cercar suas folhas com outros sinais do outono, como nozes, castanhas ou sementes de bordo. (aquelas folhas divertidas que parecem asas de helicóptero.)

deixe a bandeja no altar pelo tempo que quiser; no outono passado eu a deixei montada por algumas semanas porque era quase como uma decoração do altar e eu ficava feliz de vê-la todos os dias.

✶ ✶ TIRAGEM DE CARTA ✶ ✶

> como posso continuar me amando ao longo de minhas mudanças?

samhain
honrando seu passado

entre as pessoas bruxas — eu incluída! —, o samhain é uma celebração esmagadoramente favorita dentro da roda do ano.

algumas bruxas chegam a achá-lo tão importante que se referem a ele como o ano-novo das bruxas.

eu entendo o motivo. é normalmente o único dia do ano em que todo mundo celebra mágica, já que em geral o samhain é observado por volta do halloween. (sim, nosso amado halloween evoluiu a partir do samhain, nada mais nada menos!)

esse também é o único dia do ano em que você pode se vestir da forma mais bruxosa possível e ninguém vai te lançar o mínimo olhar estranho. não que ser uma bruxa signifique que você tem que se vestir de uma forma específica — não tem —, mas é muito mais fácil usar um chapéu de bruxa, por exemplo, quando tantas outras pessoas não bruxas estão caminhando por aí usando um também.

sendo mais um festival da colheita, faz sentido que você continue pensando em todas as coisas que colheu este ano.

(fazer isso enquanto come mais e mais doces de halloween — que é sua colheita física — não estaria tão fora de propósito assim!)

já que esse é o último festival da colheita, significa se despedir do ciclo deste ano. ao fazer isso, lembre-se de também dizer um obrigado especial à sua versão deste ano, que logo vai ficar no passado — para sempre.

nós avançamos tão rápido que podemos nos esquecer de períodos inteiros de nossas vidas. olho para trás às vezes e me dou conta de quanto anos simplesmente... se foram. eu não saberia te dizer uma única coisa que aconteceu — nenhuma lembrança, nenhum sentimento, nenhuma experiência. é como abrir um livro e começar a ler do meio.

que vergonha é me esquecer das pessoas que já fui, das pessoas que fizeram minha existência possível hoje — é por isso que é tão importante escrever no seu diário, não apenas para monitorar seus feitiços, mas para monitorar quem você é e por onde passou. lembre-se de toda a sua mágica, não só do tipo intencional e de feitiços.

CONVITE PARA ESCREVER NO DIÁRIO MÁGICO: *quem você foi este ano? interprete essa pergunta como quiser.*

TIRAGEM DE CARTAS

CARTA 1	CARTA 2	CARTA 3
a lição mais importante do meu ano.	a bênção mais importante do meu ano.	alguma coisa do meu ano que merece ser lembrada.

samhain
feitiço para honrar seus mortos

outra maneira de honrar seu passado é honrar seus entes queridos que não estão mais nesta terra. dizem que o véu entre nosso mundo e o mundo dos espíritos está mais fino em samhain; portanto, muitas bruxas escolhem convidar seus entes queridos falecidos para um jantar silencioso. vamos começar pequeno e lanchando com eles!

DO QUE VAI PRECISAR

uma vela preta num suporte

um isqueiro ou fósforo

um lanche (recomendo algo com alecrim, já que representa a lembrança)

fotos ou recordações de seus entes queridos

INSTRUÇÕES

antes de começar, acenda sua vela preta para garantir que seu espaço está bom e protegido de energias indesejadas ou negativas. (isso é importante sempre que estiver fazendo qualquer trabalho relacionado a espíritos, em especial numa noite como samhain, quando tantos estão circulando. não digo isso para assustar; digo para você se lembrar de fazer o que precisa fazer para se manter em segurança!)

prepare seu lanche — uma porção do qual será para seus entes queridos — e leve-o ao seu altar/mesa. por respeito, faça questão de servir a porção dos falecidos primeiro, como faria para um convidado.

a seguir, organize suas fotos ou recordações ao redor de onde as pessoas se sentariam. lembre-se de dizer para quem é, dizendo "nome(s), eu gostaria muito que você desfrutasse de um lanche comigo".

enquanto come, tire um momento de silêncio pela vida dessas pessoas. olhe suas fotos/recordações e relembre. na sua mente, atualize-os do que quer que possam ter perdido desde que partiram. diga a eles o quanto os ama e sente saudade. (eu acredito verdadeiramente que eles são capazes de ouvir seus pensamentos, ou ao menos de sentir a energia que você envia na direção deles.)

quando terminar, diga: "obrigado por vir. que sua memória sempre esteja clara em meu coração. que assim seja." apague sua vela. fique à vontade para comer o lanche deles depois que partirem — eles não vão se importar!

✦ TIRAGEM DE CARTA ✦

> conforme o véu fica mais fino, quem — ou o quê — será revelado para mim?

meios de se conectar com seus mortos no dia a dia

eu me conecto com meus entes queridos e ancestrais amados diariamente. acredito que isso os ajuda a seguir vivendo e a continuar fazendo parte da minha vida. e, ao me conectar com todos esses que vieram antes de mim (também conhecidos como meus ancestrais), posso aprender com eles e ter uma ideia melhor de quem sou e de quem eu poderia chegar a me tornar. em minha experiência, eles querem usar a energia deles para me ajudar a criar mágica também.

algumas pessoas podem hesitar em se conectar com seus ancestrais ou porque foram pessoas tóxicas ou porque simplesmente não os conheceram. tudo bem.

por favor saiba que você não tem que se conectar com ninguém que não queira. há muitíssimas outras conexões possíveis para você fazer como bruxa, tipo consigo ou com a mãe terra. mas você também pode escolher uma linhagem em que você não nasceu mas sente próxima, como uma família adotiva ou encontrada. você também sempre vai poder formar uma relação com ancestrais que nunca conheceu.

monte um altar — crie um pequeno espaço aonde você possa ir quando quiser se conectar com eles. coloque fotos, relíquias ou um prato de alecrim para criar um foco para seu altar. eu percebo que manter uma vela ali e acendê-la antes de falar ou abrir o coração para eles realmente cria um clima espiritual.

peça ajuda — se você está tendo dificuldade e precisa de conselhos de fora, vá ao seu altar. faça uma pergunta clara e então tire uma carta do tarô/oráculo para representar sua resposta. tente ser o mais objetivo possível quando interpretar. você pode pedir que se juntem em seus feitiços se quiser uma energia mágica a mais ou só um pouco de apoio adicional enquanto faz o que precisa.

faça coisas a que eles dariam valor — por exemplo, quando quero honrar minha irmã falecida, visito a praia, algo que ela sempre amou. acredito de verdade que ela está lá do meu lado aproveitando tanto quanto eu. em minha experiência, eles apreciam qualquer esforço, grande ou pequeno. no entanto, simplesmente viver a vida em seus próprios termos e tomar as melhores decisões para você é um meio de honrar o legado deles. você é parte deles e vice-versa, então eles não querem nada mais do que ver você feliz e florescendo.

✷ TIRAGEM DE CARTAS ✷

CARTA 1
o melhor meio de honrar meus mortos (também conhecidos como seus entes queridos e/ou ancestrais).

CARTA 2
o melhor meio de me honrar.

CARTA 3
o melhor meio de fazer as duas coisas ao mesmo tempo.

mercúrio retrógrado

quando mercúrio está retrógrado, parece que está se movendo para trás, mas não está.

é só uma ilusão — uma ilusão de ótica.

mercúrio retrógrado só acontece umas poucas vezes ao ano e dura umas poucas semanas, mas muita gente tem pavor dele e da energia reversa que ele traz, em especial quando se trata de coisas do tipo comunicações, tecnologia e viagem.

seu avião, trem ou táxi pode se atrasar.

você pode acidentalmente mandar uma mensagem inapropriada para a pessoa errada.

seu notebook pode quebrar no pior momento possível.

você pode ter um mal-entendido gigante com alguém próximo.

um(a) ex pode aparecer do nada e criar uns sentimentos confusos.

os inconvenientes realmente se somam e fazem parecer que tudo que poderia calhar de dar errado está dando errado, mas não é bem o caso — é só o que parece para você.

vou ser a primeira a admitir que às vezes o caos acontece literalmente sem pé nem cabeça; no entanto, em minha opinião, o caos que acontece durante mercúrio retrógrado é normalmente o tipo de caos com propósito.

cave um pouco mais fundo, e vai descobrir que sempre tem algo a ensinar a você.

algumas pessoas se recusam a assinar contratos durante esse período, mas já assinei alguns durante mercúrio retrógrado e ficou tudo bem. só tomei algumas providências a mais para ter certeza de que tudo estava em ordem — eu li os documentos de cabo a rabo algumas vezes, fiz todas as perguntas importantes e por aí vai.

mercúrio retrógrado lhe dá a oportunidade de se mover mais devagar e pensar com mais cuidado sobre as coisas. também pode enfatizar o que não está funcionando muito bem para que você possa tomar alguma providência muito necessária.

meu conselho: fique aterrado, faça tudo com pensamento cuidadoso e prepare-se para a pior situação possível. você vai sobreviver.

CONVITE PARA ESCREVER NO DIÁRIO MÁGICO: *você já teve uma situação de mercúrio retrógrado? olhando para trás, que conselho se daria para atravessá-lo?*

✴ TIRAGEM DE CARTAS ✴

CARTA 1	CARTA 2	CARTA 3
o que posso esperar deste mercúrio retrógrado.	como enfrentar com nobreza.	a lição valiosa que me ensinará no longo prazo.

se você acha que ela está estressada,

ela não está.

não importa

o que joguem nela...

ela vai dar um jeito.

— *mas peraí que ela vai buscar o caldeirão*
　antes.

sentindo a sobrecarga dos ciclos

uau.

foi bastante coisa que eu escrevi, então tenho certeza de que foi muito para ler.

a esta altura, você pode estar se sentindo sobrecarregado com a quantidade de ciclos que existem para você seguir potencialmente. (e eu não cobri nem de perto todos os ciclos potenciais que você pode viver; essa foi só uma amostrinha para colocar você em movimento.)

eu sei, já estive aí.

eis aqui algumas coisas para você ter em mente daqui para a frente:

você pode incorporá-los devagar — por exemplo, quando comecei minha prática, eu celebrava apenas uma ou duas datas da roda do ano. conforme o tempo passou, comecei a introduzir mais celebrações lentamente, quando sentia que podia lidar com elas. entendo que pode ser bem difícil, em especial se você precisa se manter em dia com todas as outras celebrações, assim como todas as outras responsabilidades em sua vida. isso não é uma corrida, então, por favor, não trate como se fosse!

você não tem obrigação de incorporá-los e ponto-final — ei, pelo que me consta, está tudo bem não participar inteiramente dos ciclos e fazer mágica sempre que parecer um bom momento para você! talvez você queira observar alguns dos ciclos, mas não outros. ou talvez você só queira trabalhar com certas partes de certos ciclos e pular as partes que não vibram com você. tudo isso é válido.

você não tem que observá-los o tempo todo — eu costumava libertar em todas as luas cheias e manifestar em todas as luas novas, mas isso cansou muito rápido porque descobri que não tinha as coisas que precisavam ser libertadas/manifestadas com tanta frequência. agora eu só faço isso quando tenho algo específico em mente. eu também não faço um feitiço de prosperidade toda quinta-feira, mas, quando eu tenho um feitiço de prosperidade que quero que funcione, faço questão de que seja na quinta-feira — entendeu?

você não precisa chegar a extremos — não precisa fazer um feitiço para cada parte de cada ciclo. reconhecê-lo silenciosamente pode bastar — assim como tirar uma carta de tarô ou comer uma refeição em honra a ele. faça o que tiver energia para fazer. fazer mágica quando não quer provavelmente não vai ser tão eficaz mesmo.

    justo quando ela pensava
    que não tinha mais mágica para fazer,

    abriram a porta da frente
    & o céu do crepúsculo se lançou para dentro

    para lembrá-la de sua
    vastidão sem fim.

    — *maior do que essa porra de universo inteiro.*

parte iv

mais mágica

sempre tem mais mágica

estamos quase no fim de nosso tempo juntos, mas com sorte sempre vai ter um pouco mais de mágica para fazer antes de nos despedirmos e seguirmos em nossos caminhos separados.

pensei que seria divertido incluir mais alguns feitiços para fazer. a ideia desta seção é ser uma coleção de trabalhos que sirvam para coisas com as quais você talvez tenha que lidar em sua vida no dia a dia — inseguranças, autoaceitação, mágoa. você talvez não precise de alguns dos feitiços bem neste momento, mas vai que precise depois!

com cada trabalho, também escrevi sugestões de ciclos específicos que acho que fariam mais sentido para alinhar os feitiços. mas são apenas sugestões, não requerimentos. assim como com todos os feitiços neste livro, você pode fazê-los sempre que sentir o chamado da intuição.

chegando mais no final do capítulo, você vai encontrar uma tiragem de cartas que vai ajudar quando criar seus próprios feitiços do zero. se quiser, você pode mergulhar de cabeça nessa parte ou retornar a ela quando se sentir pronto. (se pensar nela te apavora, então quer dizer que provavelmente o momento é este. faça o que assusta você.)

CONVITE PARA ESCREVER NO DIÁRIO MÁGICO: *o que é verdade neste ponto de sua prática que não era verdade no começo dela? o que acha que foi seu maior desafio até agora? como ele serviu a você e à sua vida como um todo?*

feitiço para banir suas inseguranças

este não é um feitiço para banir — ou libertar — as coisas pelas quais você sente insegurança. isso não seria muito empoderado, seria? diferente disso, é um feitiço com a missão de banir o sentimento de insegurança em si. não vai livrar você das estrias, mas vai (assim se espera) livrar você da vergonha que sente sempre que olha para elas ou pensa em usar um cropped ou um short em público. (sugiro fortemente fazer este feitiço em combinação com o próximo.)

MELHOR MOMENTO DE EXECUÇÃO
sábado | lua cheia | samhain

DO QUE VAI PRECISAR
seu diário mágico
um utensílio para escrever

INSTRUÇÕES

CONVITE PARA ESCREVER NO DIÁRIO MÁGICO: *em seu diário mágico, escreva uma lista de suas maiores inseguranças. liste cada item como "minha insegurança com _____". (este feitiço é feito para características físicas, mas qualquer coisa que vier à mente vai funcionar!)*

assim que terminar a lista, leia-a de cabo a rabo.

em seguida, repita: "cheguei à conclusão de que essas inseguranças não me servem mais. portanto, não são mais bem-vindas em minha vida. desculpa (mas não de verdade), mas eu simplesmente não tenho mais tempo nem energia para qualquer uma de vocês. vocês estão, portanto, banidas — para sempre. que assim seja".

pegue seu utensílio para escrever (de preferência uma caneta ou canetinha, para representar a permanência) e rabisque sua lista agressivamente. continue até não conseguir ver nenhuma das palavras mais. rasgue o papel. não tenha a menor misericórdia ao banir seus sentimentos de insegurança.

quando achar que é o suficiente, arranque a página de seu diário mágico. faça uma bolinha, pise nela, passe em cima dela de carro ou bicicleta. jogue fora em algum lugar distante da sua casa (mas não jogue lixo na rua) para poder ter certeza de que nunca mais vai sentir qualquer uma dessas coisas, nunca mais.

TIRAGEM DE CARTAS

CARTA 1	CARTA 2	CARTA 3
minha maior insegurança.	o que me fez ter essa insegurança.	por que é um desperdício de meu precioso tempo e energia.

feitiço para aceitar seus "defeitos"

para este, você vai precisar se lembrar das características físicas que causavam insegurança do feitiço anterior. é importante fazer mais do que apenas bani-los e declarar o trabalho feito. seus defeitos dão uma beleza única a você; então, com este desafio, você vai trazer um pouco de amor e aceitação.

MELHOR MOMENTO DE EXECUÇÃO
sexta-feira | lua nova | beltane

MAIS MÁGICA

DO QUE VAI PRECISAR

batom vermelho ou cor-de-rosa (opcional, veja instruções)
bilhetes adesivos tipo post-it
utensílio para escrever
seu diário mágico

INSTRUÇÕES

passe o batom vermelho ou cor-de-rosa nos lábios.

para cada coisa pela qual você um dia sentiu insegurança, beije um post-it. (se você não se sente confortável usando batom, ou simplesmente não quer, outra opção é beijar o post-it sem batom; ele ainda conterá a mesma energia mágica.)

coloque seu post-it no local correspondente. por exemplo, se você tinha insegurança com as cicatrizes na coxa, coloque um post-it nessa área. ao colar cada papelzinho no lugar, diga: "esta parte de mim merece amor e aceitação, então amor é aceitação é o que lhe dou agora".

enquanto cola o último post-it, diga: "que assim seja".

quando terminar, remova os bilhetes adesivos do corpo. escreva em cada um o nome do local onde foram colocados, então grude-os numa página do seu diário mágico. nomeie a página: "estas partes de mim eu jurei amar e aceitar, não importa o que aconteça".

CONVITE PARA ESCREVER NO DIÁRIO MÁGICO: *dê um passo a mais. de vez em quando, volte à página com seus post-its e escolha um. faça alguma coisa para dar amor extra a essa parte de si nesse dia — curta essa parte do corpo ou mostre-a de um jeito especial e faça isso sem se desculpar. escreva sobre sua experiência mais tarde.*

✷✶ TIRAGEM DE CARTAS ✶✷

CARTA 1

qual dos meus defeitos únicos aumenta minha lindeza?

CARTA 2

como posso dar um beijo metafórico nessa parte do corpo?

você acha que o oceano algum dia teria vergonha da forma das ondas?

tampouco me envergonho das minhas.

... *curvas sagradas.*

feitiço para curar um coração partido

é muito provável que seu coração tenha se partido de um jeito ou de outro — seja pelas mãos de um parceiro romântico, de um amigo, de um membro da família, de um ídolo, ou talvez até de você mesmo. às vezes você se magoa quando um desejo não se realiza, ou quando você perde alguma coisa importante. não importa a circunstância, que este feitiço seja um bálsamo necessário para sua alma.

MELHOR MOMENTO DE EXECUÇÃO
segunda-feira / lua minguante / yule

DO QUE VAI PRECISAR
cartolina vermelha
tesoura
uma bandeja pequena ou média
folhas secas de menta

INSTRUÇÕES

corte um coração na cartolina vermelha, pequeno o suficiente para caber na sua bandeja sem esforço. (fica mais fácil se você dobrar a cartolina no meio, aí desenhar meio coração começando na dobra e seguir em frente. corte na linha e tadã, você tem um coração!)

corte um zigue-zague no meio do coração de cartolina. coloque os dois pedaços dentro da bandeja, tomando cuidado para as metades não encostarem uma na outra.

olhe para o coração enquanto coloca tudo para fora. o que aconteceu? como você se sente? quais são suas preocupações e medos enquanto toca a vida? grite se sentir vontade. (este pode ser um processo de cura em si mesmo.) bote tudo para fora.

pegue cada metade do coração e junte as duas. diga: "apesar de esta situação ter me causado tanta dor, reconheço que ela me ensinou alguma coisa valiosa, mesmo que eu não possa enxergar ainda. estou escolhendo curá-la para poder colocar essa ação em prática".

enfim, para um toque extra de cura, polvilhe menta seca (se não tiver, você pode abrir um saquinho de chá de menta e usar o que tem dentro) por cima do coração agora inteiro. quando terminar, diga "que assim seja".

CONVITE PARA ESCREVER NO DIÁRIO MÁGICO: *se seu melhor amigo viesse até você todo magoado, que conselho você lhe daria? em seu aplicativo de notas ou seu diário mágico, escreva para ele o rascunho de uma mensagem de texto (não mande!), então leia de volta para si mesmo. provavelmente tem algo ali que você precisa ouvir também.*

✳ TIRAGEM DE CARTAS ✳

CARTA 1	CARTA 2	CARTA 3
quem eu era antes do coração partido.	quem vou ser depois.	a sabedoria vital que conquistei.

MAIS MÁGICA

feitiço para parar com o *doomscrolling*

não sei você, mas, quando alguma coisa ruim está acontecendo no mundo, tenho uma tendência a entrar nas redes sociais e ficar rolando vários feeds por horas e horas, absorvendo todas as reações. na maior parte do tempo eu nem tenho a intenção de fazer isso — quase se torna hipnótico e é impossível parar. depois de um tempo, isso me dá dor de cabeça por causa da tela e me deixa num estado mental horrível. se você passa por isso também, faça este feitiço para cortar o mal pela raiz.

MELHOR MOMENTO DE EXECUÇÃO
quarta-feira | lua minguante | ostara

DO QUE VAI PRECISAR
*seu telefone
um saquinho com barbante ou uma caixa
um cristal de ametista*

INSTRUÇÕES

já ouviu falar de *doomscrolling*, ou "rolagem infinita", é o hábito de ficar rolando a tela do celular (*scrolling* ou rolagem) e consumindo um monte de conteúdo negativo? assim que perceber que está fazendo isso (ou qualquer tipo de consumo hipnótico no telefone, na verdade), desligue o celular de imediato. se quer dar um passo a mais, você pode limpar o aparelho usando um sino assim que desligar.

coloque o telefone no saquinho com o barbante ou na caixa e guarde-o no altar. ponha o cristal de ametista em cima — além de todas as suas outras propriedades mágicas incríveis, ele também é usado para acalmar comportamentos aditivos.

diga: "meu desejo de ficar rolando a tela do celular foi embora. eu não me distraio de sentir meus sentimentos, mas também não fico obcecada com eles. vou pegar a informação que aprendi — mesmo que seja perturbadora — e ficar em silêncio com ela. deste ponto em diante, integro meu tempo de tela de maneira mais benéfica. que assim seja".

deixe seu telefone ali por quanto tempo conseguir. sugiro ao menos três a cinco horas, se possível, ou até mesmo pelo restante do dia.

em seguida, continue a se manter informado dos eventos do mundo e a se conscientizar nas redes sociais. no entanto, se chegar ao ponto de uma fixação instável, faça uma pausa e volte quando se sentir melhor.

CONVITE PARA ESCREVER NO DIÁRIO MÁGICO: *que tipo de relacionamento você tem com seu telefone? como impacta seu dia a dia? e sua prática de bruxaria?*

* * **TIRAGEM DE CARTA** * *

que paz eu
poderia encontrar
se passasse
menos tempo
no telefone?

MAIS MÁGICA

feitiço de chá para sossegar o facho

às vezes eu simplesmente não consigo controlar meus nervos, então tomo este chá para me ajudar a sossegar o facho. reparei que durmo melhor quando o tomo cerca de uma hora antes de dormir, também. é claro, ele não é substituto para tratamento médico (nada neste livro é), então busque auxílio para quaisquer questões ligadas à ansiedade e à insônia!

MELHOR MOMENTO DE EXECUÇÃO
segunda-feira | lua minguante | yule | mercúrio retrógrado

DO QUE VAI PRECISAR
chá de lavanda e camomila numa xícara
mel ou substituto de mel
uma colher

INSTRUÇÕES

prepare seu chá de lavanda e camomila conforme as instruções da embalagem.

certifique-se de que seu espaço está calmo e silencioso antes de começar — isso vale para qualquer feitiço, mas especialmente para este aqui.

se quiser, pode usar algo que seja calmante para você, tipo um blusão ou cobertor. você pode escolher se sentar numa almofada de chão macia, ou abraçar um bicho de pelúcia querido — tudo que ajudar, não é?

acrescente seu mel ou alternativa para mel (por exemplo, agave ou xarope de bordo) no chá. enquanto mistura tudo (tente misturar no sentido horário, já que este feitiço está tentando criar calmaria), diga: "estou muito calmo. estou muito sereno. Sosseguei o facho. deste ponto em diante, tenho total e completa paz de espírito. que assim seja".

beba golinhos do seu chá em silêncio. reconheça e liberte quaisquer pensamentos inseguros que surjam.

CONVITE PARA ESCREVER NO DIÁRIO MÁGICO: *o que lhe dá um sentimento mágico de conforto?*

✦ TIRAGEM DE CARTAS ✦

CARTA 1	CARTA 2	CARTA 3
o motivo pelo qual estou surtando.	por que não é uma questão tão grande quanto parece?	uma solução calma e prática.

do ponto de vista dela,

ela pode ou se preocupar

com coisas que nunca poderia controlar

ou pode tomar um chá,

talvez tirar uma soneca,

& então se concentrar no que pode controlar.

— *ela recomenda muito isso também.*

feitiço para se concentrar no que importa

você já teve uma tarefa ou alguma coisa que sabia que precisava fazer — responder um e-mail, limpar o banheiro —, mas sua mente estava ativada em qualquer outra coisa que não fosse isso? faça este feitiço para convencer a mente a se concentrar no que importa. (também é perfeito para coisas como fazer uma prova ou uma apresentação no trabalho.)

MELHOR MOMENTO DE EXECUÇÃO
quarta-feira / lua minguante / imbolg

DO QUE VAI PRECISAR
uma bandeja pequena ou média
a carta de tarô do cavaleiro de espadas
cinco ou seis pedras pequenas de fluorita arco-íris

INSTRUÇÕES

no meio da sua bandeja, pouse sua carta de tarô do cavaleiro de espadas. (este cavaleiro em particular tem a reputação de fixar o olhar numa ideia e avançar na direção dela — a mesma energia que você quer como resultado deste feitiço!)

organize suas pedras pequenas de fluorita arco-íris num círculo cercando seu cavaleiro.

sente-se e concentre-se na bandeja por alguns momentos — dê toda a energia concentrada que puder ao seu feitiço. faça isso por, digamos, três a cinco minutos. (imagine que é uma meditação com um propósito mágico específico.)

a seguir, diga esta afirmação: "toda a minha atenção se concentra em (tarefa a fazer) por (tempo necessário). eu faço o que preciso fazer da maneira mais eficiente e mais oportuna. ao fazer isso, estou em calma plena, sem estresse nenhum. os resultados são qualidade, não apenas quantidade. que assim seja".

você pode querer pegar um dos cristais da bandeja e guardá-lo consigo ao dar andamento à sua tarefa!

CONVITE PARA ESCREVER NO DIÁRIO MÁGICO: *que parte de sua prática mágica poderia se beneficiar de um pouco mais da sua atenção? você andou relaxando na sua rotina de tarô ou enrolando com um feitiço que deveria ter feito semanas atrás? talvez você tenha uma lista de leituras esotéricas em que precisa começar a avançar?*

✶ TIRAGEM DE CARTAS ✶

CARTA 1	CARTA 2	CARTA 3
aquilo que preciso fazer.	aquilo que me distrai disso.	como eliminar a distração para conseguir me concentrar.

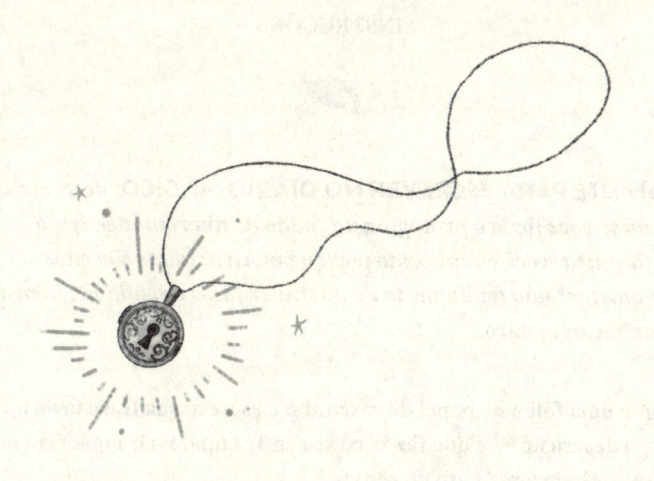

feitiço para se apropriar de como você é incrível

confissão: eu ainda sofro de síndrome de impostora a respeito de ser uma escritora. já apareci em listas de mais vendidos, já ganhei prêmios, já tive leituras com ingressos esgotados... mesmo assim, ainda tenho momentos em que duvido de minhas habilidades e me convenço de que sou uma fraude que não merece nada disso. se algum dia você atravessar momentos parecidos de autodúvida, faça este feitiço para se apropriar de como você é incrível!

MELHOR MOMENTO DE EXECUÇÃO
terça-feira | lua cheia | beltane

DO QUE VAI PRECISAR
seu diário mágico
um utensílio para escrever
um pedaço de papel de rascunho
um colar com um medalhão

INSTRUÇÕES

CONVITE PARA ESCREVER NO DIÁRIO MÁGICO: *descreva-se como se você fosse o protagonista fodão de um romance épico de fantasia. você é conhecido por que motivo? quais são suas conquistas? não tenha medo de misturar fatos e realidade nem de se gabar um pouco.*

pegue uma folha de papel de rascunho e escreva sua frase favorita dessa descrição — a que faz você se sentir imparável, a que faz você se sentir bem a respeito de ser você.

faça um rolinho com seu papel — ou dobre-o — até ficar tão pequeno quanto precisar que seja, e então guarde-o no medalhão e feche-o de novo.

segure o colar nas mãos enquanto diz: "não sou um impostor. sou exatamente o que digo que sou: (a frase de sua descrição). nada nem ninguém pode chegar a tirar isso de mim, nem mesmo eu. que assim seja".

agora você tem um colar que serve como uma lembrança eterna de que você é incrível!

✶ TIRAGEM DE CARTA ✶

> algo para se lembrar quando perder a noção de quão incrível eu sou.

MAIS MÁGICA

feitiço para o autoperdão

o fato é que somos todos humanos e estamos sujeitos a cometer erros; no entanto, às vezes pode ser difícil lidar com isso. um uso melhor de sua energia seria aceitar o que fez e aprender a viver com isso. (observação: isso não tem a ver com não assumir sua responsabilidade.)

MELHOR MOMENTO DE EXECUÇÃO
sexta-feira / lua minguante / imbolg

DO QUE VAI PRECISAR
seu diário mágico
um utensílio para escrever
um envelope
galhos de lavanda
fita

INSTRUÇÕES

CONVITE PARA ESCREVER NO DIÁRIO MÁGICO: *quero que você escreva uma carta se perdoando pelo seu erro — não criando desculpas, mas perdoando. tem uma diferença enorme. em sua carta, não deixe de incluir alguns planos para retificar seu erro (se necessário/possível) e agir melhor daqui para a frente.*

quando terminar, leia a carta em voz alta para si. dobre o papel e coloque-o no envelope. enderece o envelope para si mesmo (você pode colocar o endereço completo ou só escrever seu nome na frente). lacre o envelope.

em seguida, pegue os galhos de lavanda e grude-os na frente do envelope. (percebo que a lavanda tem uma energia muito gentil e calmante.)

✶ TIRAGEM DE CARTAS ✶

CARTA 1	CARTA 2	CARTA 3
uma carta para representar meu erro, clara como o dia, para que eu possa encarar.	por que eu deveria me perdoar?	como é o autoperdão na prática.

feitiço para ter muita sorte

todo mundo precisa de um toque a mais de sorte às vezes. este é um feitiço que eu faria se estivesse, digamos, tentando melhorar minhas chances ao comprar um carro, fazendo uma proposta para comprar uma casa, me candidatando a adotar um gato novo ou tentando fazer as coisas darem certo do meu jeito de alguma forma (para o bem de todos e o mal de ninguém, como sempre). espero que possa ajudar você também!

MELHOR MOMENTO DE EXECUÇÃO
quinta-feira / lua nova / qualquer festival da colheita

DO QUE VAI PRECISAR
uma vela verde num suporte
um símbolo daquilo para o que você deseja sorte
um objeto pessoal de sorte (opcional)
um isqueiro ou fósforo

INSTRUÇÕES

coloque a vela verde no meio do seu espaço de feitiços.

de um lado da vela, coloque o símbolo daquilo com o que você precisa ter sorte — tipo a cópia do seu currículo para procurar emprego. (se não tiver nada, escreva uma descrição do que quer.)

do outro lado da vela, coloque seu objeto pessoal de sorte. talvez você tenha um cristal da sorte, um prendedor de cabelo da sorte, ou até mesmo o clichê da roupa íntima da sorte. não vou julgar, não importa o que seja.

acenda sua vela. feche os olhos. imagine em detalhes como seria essa situação resultando a seu favor. esforce-se para trazer esse sentimento quando disser: "estou tão contente agora que consegui _____. eu tenho mesmo uma puta sorte. que eu sempre tenha uma puta sorte". diga isso três vezes no total, amarrando no final com "que assim seja".

deixe a vela queimar até apagar, se possível. espere e veja o que acontece.

CONVITE PARA ESCREVER NO DIÁRIO MÁGICO: *em minha opinião, qualquer objeto que você defina como da sorte se torna magicamente da sorte. qual o seu objeto mágico da sorte? que tipo de sorte ele já trouxe?*

✶ TIRAGEM DE CARTAS ✶

CARTA 1	CARTA 2
o estado atual de minha sorte.	como começar a ter ou sustentar a certeza de que tenho muita sorte.

FAÇA A SUA PRÓPRIA MAGIA

feitiço de fervura para ser uma bruxa feliz

você já sentiu alguma vez que precisa de um impulso a mais de positividade? faça este feitiço de fervura para atrair a bruxa feliz aí de dentro. (definitivamente, este feitiço não foi feito para tratar ou curar questões emocionais sérias. este feitiço serve apenas para ocasiões leves.) bônus: energia feliz para seu lar, também!

MELHOR MOMENTO DE EXECUÇÃO
domingo | lua cheia ou nova | litha

DO QUE VAI PRECISAR
uma panela
água
um fogão/placa de indução
fatias de laranja
três paus de canela
um punhado de cravos inteiros
uma colher grande para cozinhar

INSTRUÇÕES

encha sua panela até a metade com água. deixe atingir o ponto de fervura no fogão ou placa de indução.

quando estiver fervendo, adicione as fatias de laranja (para felicidade e alegria) com cuidado, os paus de canela (para calor e energia) e os cravos (para a proteção contra energia negativa). deixe a água ferver com tudo dentro por mais alguns minutos.

gire a panela no sentido horário, dizendo: "sou uma bruxa feliz. este é meu lar feliz. nenhuma energia negativa pode circular aqui. que assim seja".

baixe o fogo e deixe a água chegar a um fervilhar consistente.

deixe sua panela fervendo fazer o que precisa fazer por qualquer período de três a cinco horas. retorne a cada trinta ou quarenta minutos para repor a água que tiver evaporado. assim que terminar, pegue a panela e a esvazie. depois, jogue os ingredientes fora ou faça adubo com eles.

CONVITE PARA ESCREVER NO DIÁRIO MÁGICO: *escreva sobre algo que você pode fazer para transformar sua casa ou espaço mágico num lugar mais agradável de se estar.*

✦ TIRAGEM DE CARTA ✦

> por qual motivo eu deveria ser uma bruxa feliz neste momento?

tem tantos motivos
para ficar miserável
num mundo destes.

quer dizer, olhe ao redor...
então tente ver com olhos novos,
mesmo que só por um instante.

nomeie ao menos uma coisa que,
apesar de tudo, faz você
querer respirar de novo.

eu começo:
você.

... *inspire.*

feitiço de café para o que você quiser

não falei para você que ia ensinar a fazer feitiços com café? feitiços com café são extremamente versáteis e podem ser usados para qualquer coisa que você quiser (como o título sugere), já que a cafeína contida no café energiza qualquer intenção que lhe der. eles são especialmente bons para coisas que você quer que aconteçam rápido — tipo agora. considere isso um passo na direção de criar seus próprios feitiços.

MELHOR MOMENTO DE EXECUÇÃO
em qualquer manhã

MAIS MÁGICA

DO QUE VAI PRECISAR
*uma xícara de café
suas coisas normais de fazer café
uma colher ou agitador
canela em pó (opcional)*

INSTRUÇÕES

o primeiro passo é o mais simples possível: prepare uma xícara de café. coloque qualquer leite ou adoçante de que goste. (este feitiço também funciona com seu café-para-viagem favorito.)

não é obrigatório, mas você pode determinar propriedades mágicas para seus ingredientes também. por exemplo, quando preparo meu café de manhã, coloco leite com a intenção de aliviar meu estresse. quando acrescento açúcar, faço isso com a intenção de deixar meu dia um pouco mais doce. você pode buscar no google propriedades mágicas comuns de seus ingredientes também, mas não sou tão rígida com isso no dia a dia. prefiro associações curtas e simples.

enquanto mistura seu café (sentido horário para manifestar, anti-horário para banir), diga sua afirmação. pode ser algo como "eu sigo neste dia com mais força do que nunca" (manifestando) ou "sou incrível porque dissolvo todos os desafios que cruzam meu caminho hoje" (banimento). personalize isso para o seu dia.

se tiver canela em pó, polvilhe um pouco por cima enquanto fala "que assim seja". por causa da energia fogosa da canela, ela vai energizar sua intenção ainda mais.

✦ ✶ TIRAGEM DE CARTAS ✶ ✦

CARTA 1	CARTA 2
o que eu mais quero conseguir agora?	como posso me energizar para ir atrás disso?

criando seu próprio feitiço

muito bem, chegou finalmente a hora de você criar seu próprio feitiço! verifique os convites para escrever no diário mágico a seguir quando tiver um tópico em mente. não tem motivo para nervosismo. você aprendeu tanto lendo e fazendo — agora só falta colocar em prática!

- por que você está fazendo este desafio? o que você espera alcançar ao lançá-lo?

- você quer manifestar ou banir alguma coisa? (se não está tentando fazer algo ir embora — ou banir —, então você provavelmente está tentando criar alguma coisa, também chamado de manifestar.)

- quando vai fazer este feitiço? usando uma combinação de seu conhecimento e intuição bruxa, decida com base no que faz mais sentido para você. (um determinado dia da semana? uma fase da lua? uma celebração da roda do ano?)

- que ferramentas vai usar? isso pode significar cristais, ervas, velas, cartas ou outros objetos que sejam mágicos para você. mesmo que haja um chamado intuitivo para algo, coloque em palavras por que o escolheu. não inclua coisas só por incluir; às vezes, mais simples é melhor.

- deixe escrita uma afirmação para incluir em seu feitiço. não seja imprudente com isso; passe algum tempo nessa parte, porque todo o resto do seu feitiço vai girar em torno disso. empodere-se e encoraje-se com suas palavras, e não se esqueça de verbalizar sua intenção como se já tivesse acontecido.

- que ações você vai praticar junto com suas palavras? você pode fazer qualquer combinação de atividades, como escrever uma lista, acender uma vela ou montar um pote de feitiços. se for aplicável, você pode querer incluir um círculo no sentido horário para manifestar, ou um círculo anti-horário para banir.
- assim que terminar o feitiço, faça um desenho de como ficou. (ou alguns desenhos, dependendo de quantos passos houve.) não precisa ser artista para fazer isso — é só para ajudar você se um dia quiser planejar repetir o feitiço no futuro.
- como foi? faça uma autorreflexão sobre como se sentiu sobre seu feitiço imediatamente depois, uma semana depois, um mês depois e até mesmo um ano depois. quais foram os resultados de curto prazo? e os resultados de longo prazo? tem alguma coisa que você gostaria de fazer diferente na próxima vez?

CONVITE PARA ESCREVER NO DIÁRIO MÁGICO: *você tem medos ou hesitações quando pensa em criar seus próprios feitiços? o que você pode fazer para superá-los, não apenas do ponto de vista mágico, mas pessoalmente? lembre-se: quanto mais você fizer, mais confortável vai ficar.*

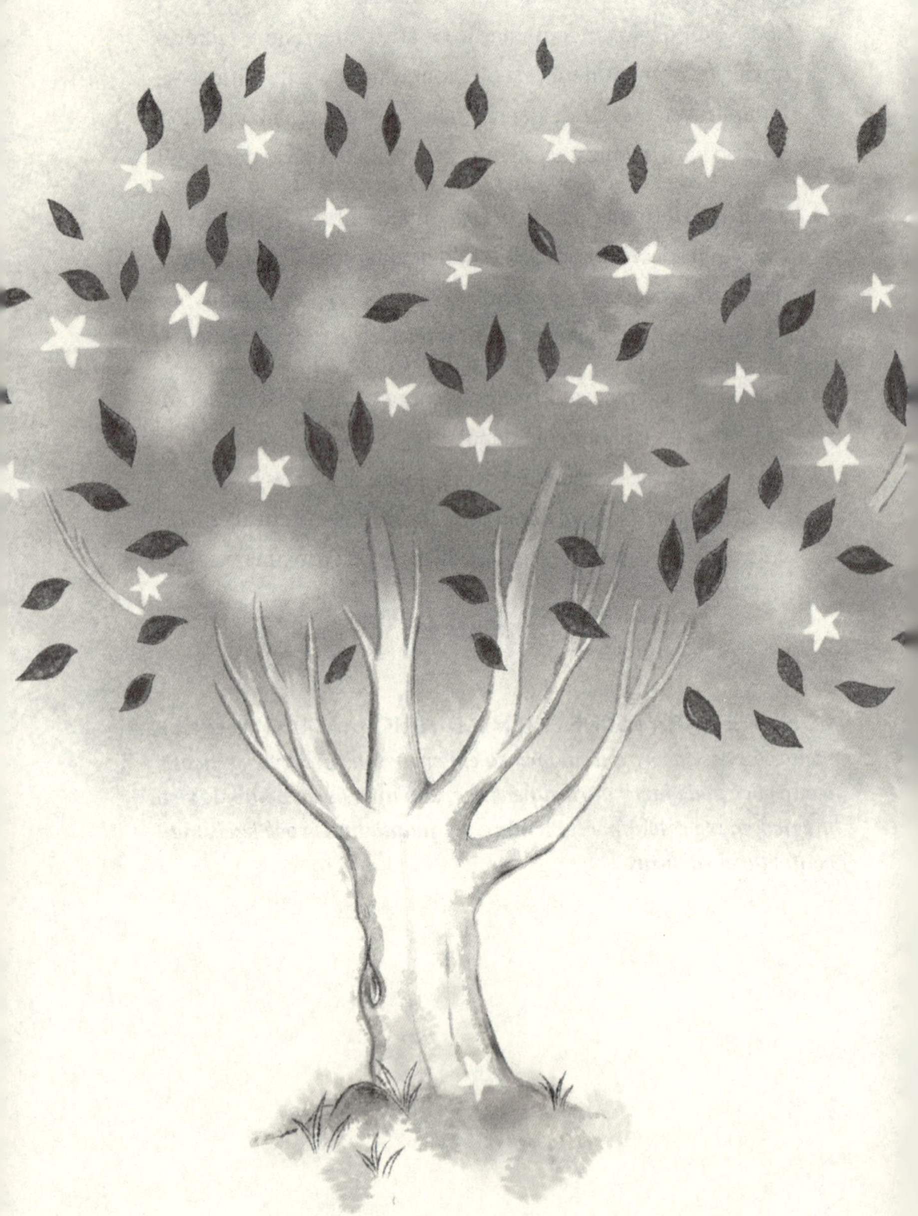

então chegou a hora do adeus?

apesar de este livro em particular agora ter chegado ao fim, eu imploro que você não deixe ser o fim da sua jornada mágica.

permita que seja apenas o começo.

enquanto seguir em frente no seu caminho, é quase certo que você vai passar por períodos em que se sente sem motivação para fazer feitiços ou até mesmo se esquece completamente de que tem mágica. isso acontece com as bruxas mais experientes, até mesmo aquelas que têm a experiência de uma vida inteira.

acontece inclusive comigo.

quando — não "se" — acontecer com você, não se desgaste muito, pois sua mágica sempre estará com você quando achar que chegou o momento de encontrá-la de novo. em vez disso, use essa energia para abraçar seus intervalos mágicos. veja-os pelo que são: uma oportunidade de descansar antes de seu próximo capítulo poderoso.

mantenha este livro por perto. no instante em que começar a sentir que se perdeu, abra-o de novo e volte à página 1. mergulhe nestas palavras. busque pontos de inspiração sempre que puder. lembre-se de sua poeira lunar interior exclusiva e faça um dos meus feitiços simples, ou, melhor ainda, use-os para inspirar um feitiço que seja criação sua.

você pode fazer isso todos os anos, se quiser. comece algumas semanas antes do yule e avance lentamente por todas as quatro partes. veja o primeiro feitiço como um tipo de ritual de rededicação em que você se lembra de sua ética — ou a enriquece —, assim como sua mágica.

~~adeus.~~

a gente se vê por aí em algum outro momento, dentro destas páginas ou em outras novas.

amarrado com amor,
amanda

CONVITE PARA ESCREVER NO DIÁRIO MÁGICO: *enquanto dizemos até logo, também é hora de você se despedir da pessoa que era antes de decidir ser uma bruxa — todas as crenças antigas que não lhe servem mais, todas aquelas autolimitações antigas. saia de seu diário mágico e escreva uma carta sincera agradecendo sua versão anterior por tudo que aconteceu até este momento, e o tanto que essa decisão (espera-se) melhorou sua vida e jeito de vê-la.*

referências

Jessica Defino. "It's Time to Rethink the 'Trend' of Burning Sage on Instagram". Fashionista. Disponível em: https://fashionista.com/2019/11/burning-sage-cultural-appropriation.

agradecimentos especiais

- minha esposa-poeta, parker lee — obrigada por ouvir meus sonhos & por me dar o espaço, assim como o apoio de que eu precisava enquanto eu trazia esses sonhos à vida. os lattes de hortelã foram de grande ajuda também. <3

- minha agente literária, lauren spieller — obrigada por acreditar que eu poderia escrever um livro como este & ter sucesso. sem você & seu trabalho incansável, este livro não teria encontrado a casa incrível que encontrou. você é a MELHOR!

- minha equipe de relações públicas — obrigada não apenas por concordar em publicar este livro, mas também por seu entusiasmo incrível em torno do meu trabalho. ele não poderia estar em mãos melhores.

- minhas leitoras beta — obrigada a christine day, summer webb e mira kennedy por me acompanharem ao longo da mudança de gênero no texto & pelo feedback honesto que ajudou este livro a se tornar o melhor livro que poderia ser.

- meus amigos & família — obrigada às pessoas que estão sempre me apoiando e torcendo, independentemente do que eu decidir escrever.

- meus leitores — obrigada, obrigada, obrigada!!! o simples fato de vocês darem uma chance às minhas palavras significa todas as estrelas no céu para mim. espero que este livro tenha feito vocês acreditarem em sua habilidade de fazer todos os seus sonhos se realizarem; se não, espero que ao menos ele fique muito bonito na estante de vocês.

- minha ilustradora, raquel aparicio — obrigada pelas ilustrações mais mágicas que uma escritora bruxa poderia pedir!

sobre a autora

amanda lovelace (pronomes ela/elu, she/they) é a autora de diversos títulos de poesia que estão entre os mais vendidos, incluindo sua celebrada série de livros as *mulheres têm uma espécie de magia*, assim como a trilogia *você é o seu próprio conto de fadas*. ela também é a cocriadora do oráculo de cartas *acredite na sua própria magia* & do baralho de tarô *the cozy witch* & é agora a autora de seu primeiríssimo livro de bruxaria, *faça a sua própria magia*. quando não está lendo, escrevendo ou bebendo uma xícara de café muito necessária, você pode encontrá-la lançando feitiços em sua casa numa cidade (muito) pequena na costa de nova jersey, onde ela mora com sua esposa-poeta & seus três gatos.

siga amanda

@ladybookmad

@ladybookmad

amandalovelace.com